Asim Aliloski

DAS HERZ DES GELDES

Reichtum & Erfolg mit Liebe und Harmonie kreieren

Brandheiße Infos finden Sie regelmäßig auf:
www.facebook.com/AMRAVerlag

Events & Veranstaltungen des Autors:
www.AsimAliloski.com

Besuchen Sie uns im Internet:
www.AmraVerlag.de

Eine Originalausgabe im AMRA Verlag
Auf der Reitbahn 8, D-63452 Hanau
Telefon: + 49 (0) 61 81 – 18 93 92
Kontakt: Info@AmraVerlag.de

Herausgeber & Lektor	Michael Nagula
Einbandgestaltung	Guter Punkt
Layout & Satz	Birgit Letsch
Druck	CPI Books GmbH

Copyright © 2016 by Asim Aliloski

ISBN Printausgabe 978-3-95447-281-9
ISBN eBook 978-3-95447-282-6

Alle Rechte der Verbreitung vorbehalten, auch durch Funk, Fernsehen
und sonstige Kommunikationsmittel, fotomechanische, digitale oder
vertonte Wiedergabe sowie des auszugsweisen Nachdrucks.

Im Text enthaltene externe Links konnten vom Verlag nur
bis zum Zeitpunkt der Buchveröffentlichung eingesehen werden.
Auf spätere Veränderungen hat der Verlag keinerlei Einfluss.
Eine Haftung des Verlags ist daher ausgeschlossen.

Inhalt

Vorwort
Ins Herz des Geldes   11

Im Herzen des Geldes 13 • Die Psyche und Seele des Geldes verstehen 14 • Der Ratgeber 15 • Meine eigene Geldgeschichte 16

Hinweis zur Ausführung der Übungen   18

Teil 1
Neue Geldgefühle – wie du finanziellen Stress verwandeln kannst   19

Einleitung   20

Verwandle Geldsorgen in Sorgenfreiheit   24
   Übung – Die alchemistische Verwandlung   25

Verwandle Geldarmut in Reichtum   27
   Übung – Die alchemistische Verwandlung   30

Verwandle Geldprobleme in Potenziale   32
   Übung – Die alchemistische Verwandlung   33

Verwandle Geldblockaden in einen Fluss   36
   Übung – Die alchemistische Verwandlung   38

Teil 2
Die Energie des Geldes –
Blockaden im Energiesystem auflösen 41

Einleitung 43

Geld ist Energie 46 • Durch Geld verursachte Energieblockaden 50 • Die Hauptenergiezentren des Menschen 51 • Eine Geldblockade ist nicht gesund 52 • Der richtige Umgang mit Geld 52 • Blockaden wieder in Fluss bringen 53 • Geldblockaden im Energiesystem des Menschen 55

   1. Energiezentrum: Wurzelchakra 55
      Übung – Geldblockaden im Wurzelchakra auflösen 57

   2. Energiezentrum: Sakralchakra 58
      Übung – Geldblockaden im Sakralchakra auflösen 59

   3. Energiezentrum: Solarplexus-Chakra 60
      Übung – Geldblockaden im Solarplexus-Chakra auflösen 62

   4. Energiezentrum: Herzchakra 63
      Übung – Geldblockaden im Herzchakra auflösen 64

   5. Energiezentrum: Halschakra 65
      Übung – Geldblockaden im Halschakra auflösen 67

   6. Energiezentrum: Drittes Auge 68
      Übung – Geldblockaden im Dritten Auge auflösen 69

   7. Energiezentrum: Kronenchakra 70
      Übung – Geldblockaden im Kronenchakra auflösen 72

Den Schatten des Geldes transformieren 73 • Heile deine eigenen dunklen Seiten 74 • Mache dir den Schatten des Geldes bewusst 75

Teil 3
**Deine geistigen Werkzeuge –
Erschaffe ultimativen Reichtum auf allen Ebenen**   79

Einleitung   81

Ultimativer Reichtum auf allen Ebenen deines Lebens 84 • Frieden mit der Armut schließen 89 • Die Schritte zum ultimativen Reichtum 92 • Die Werkzeuge, mit denen du ultimativen Reichtum in dein Leben holst 94

> *Übung – Verbinde dich mit dem ultimativen Reichtums-Baum*   98

Beseitige schädliche Geld-Glaubensmuster! 101 • Mach Geld zum Tauschmittel, nicht zum Therapeuten! 108 • Löse dich von alten Geldschwüren! 112

> *Vorlage – Schließe einen neuen Vertrag mit dem Geld*   114

Suche die Gegenwart erfolgreicher Menschen! 118 • Trenne dich von falschen Zielen! 122 • Befreie dich von Konsumzwängen! 126 • Ordne und kläre deine Finanzen! 130 • Arbeite nicht härter, sondern smarter! 133 • Hilf anderen NICHT! 137 • Sei spirituell & materiell zugleich! 141 • Durchschaue den Mangel! 145 • Verlange Geld für deine Berufung! 149 • Liebe dich selbst und dein Geld! 153 • Hole dir deine

Kraft und Macht zurück! 157 • Erschaffe ultimativen Reichtum in 13 Schritten 161 • Die Blockaden beim Erschaffen 168 • Ist es nicht dein Herzenswunsch, bist du für etwas Größeres bestimmt 170

 Übung – Mache dir das Schattenmaterial in dir bewusst   171

Teil 4
Meditationen & Mantren für ein gesundes und harmonisches Leben mit Geld & Finanzen   177

Einleitung   179

Die Lebenserklärung für Geld, Wohlstand und Erfolg machen   181
 Vorlage – Lebenserklärung   182

Die Natürlichkeit des Geldes annehmen   185
 Bewusstmachung des Geldflusses   186

(Geld-)Sorgen an höhere Wesen delegieren   187
 An alle höheren Mächte des Lichts   189

Finanzielle Heilmeditationen sprechen   190
 Heilmeditation zu Geld und Finanzen   193
 Heilung von Fremdenergien zu Geld und Wohlstand   194
 Heilung von alten Schwüren und Eiden zu Geld und Wohlstand   195

Heilende Zeichen und Geldsymbole   195
 Tabelle der Symbole mit Erklärungen   196

Zeit für Vergebung finden   198
 Übung – Ich vergebe mir   199

Frieden mit der Familie schließen	200
Anrufung der Ahnen und Familienwesen	203
Der bewusste Geld-Guru	205

Bonuskapitel
Die vier negativen Gefühlsmuster rund ums Geld, die sich Liebe und Heilung wünschen — 207

Schuld wünscht sich Liebe und Heilung	209
Übung zur Befreiung des Schuldbewusstseins	210
Minderwertigkeit wünscht sich Liebe und Heilung	212
Übung zur Befreiung von Minderwertigkeitskomplexen	214
Bedürftigkeit wünscht sich Liebe und Heilung	215
Übung zur Befreiung von Bedürftigkeit	216
Ablehnung wünscht sich Liebe und Heilung	217
Übung zur Befreiung von Ablehnung	219

Nachwort
Das neue Geld-Zeitalter — 221

Reichtum und Wohlstand ganz anders erschaffen 223 • Der Glaube an dich selbst 224 • Reich und arm – mein Leben in Extremen 225 • Die vielen Facetten des Geldes 226 • Neue Finanz- und Wirtschaftssysteme erschaffen 227

Danksagung	229
Weiterführende Literatur	230
Über den Autor	234

Vorwort

Ins Herz des Geldes

Vielleicht dachte sich damals der lydische König Krösus nicht viel dabei, als er das erste Münzgeld prägen ließ. Er hatte es womöglich satt, Werkzeuge gegen Ochsen oder Ziegen einzutauschen. Der schlaue Staatsmann musste etwas erfinden, was den Austausch von Gütern erleichtert. Er erschuf mit Geld ein Tauschmittel, das den Gegenwert einer Ware bestimmte.

Viel mehr steckt hinter dem Mysterium Geld nicht. König Krösus hätte damals nicht einmal in seinen kühnsten Träumen daran gedacht, dass mit der Zeit so viel Wirbel um das Geld entstehen würde. Wer hätte damals geahnt, als das Geld noch frisch auf die Welt kam, dass ein Tauschmittel eines Tages so sehr unser Denken und Fühlen beeinflussen könnte? Es ist unglaublich, was Menschen alles für Geld tun und unterlassen. Sie setzen ihre Gesundheit, Freunde und Freiheit auf Spiel. Andere plagen sich mit Sorgen, Ängsten, Habgier und Neid. Und das alles für Geld.

Auch Religionen gaben ihre Meinung zum Geld ab. Ihre Anleitungen wollten eine Orientierung geben, wie der Mensch seine Finanzen und seinen Besitz regeln soll. Die Gläubiger lauschten den Predigern, die mit erhobenem Zeigefinger vor der Gefahr des Geldes warnten. Als ob der Teufel seine Finger im Spiel hätte. Und der Mensch verstand sich als Opfer des Geldes, das alles Leid und Übel verursache.

Was aber Kirche, Staat und andere Geldexperten bislang nicht geschafft haben, ist eindeutig: Methoden und Wissen zu vermitteln, die den Menschen helfen, eine ausgewogene Einstellung zu Geld und Besitz zu haben. Die Wenigsten sind nämlich im Reinen mit ihren Finanzen. Nicht sehr viele Menschen können von sich behaupten, eine gesunde Beziehung zum Geld zu haben. Und wer kann schon seine finanziellen Ziele frei von Stress und Sorgen verwirklichen?

Nun haben aber Menschen mit einer neurotischen Beziehung zum Geld die heutigen Geld- und Finanzsysteme errichtet. Sie sind desolat, fehlerhaft und ausbeuterisch. Der Crash an den Börsen, die hohe Verschuldung vieler Staaten sowie Einzelpersonen und die Krisen der Banken bestätigen nur, was ein Laie auf den ersten Blick sofort sehen müsste: *Etwas passt da gewaltig nicht.*

Kurz gesagt: Die Finanz- und Geldsysteme sind krank, weil sie von neurotischen Menschen geschaffen wurden. Diese Systeme halten uns nur den Spiegel vor. Für viele ist Geld und Geldverdienen mit Stress und Unsicherheit verbunden. Das ist auch ein Grund, warum so viel manipuliert, gehortet, hinterzogen, geschuftet und gelitten wird. Das Geld- und Wirtschaftssystem kann sich nur dann zum Besseren wandeln, wenn jeder Einzelne von uns seine Beziehung zum Geld grundlegend verändert. Aber eigentlich geschieht gerade etwas anderes.

Wir suchen stattdessen einen Sündenbock. Und der erste, der ins Auge sticht, ist das Geld selbst. Für viele Menschen ist Geld schuld daran, dass sie ihre Träume nicht leben können und von Sorgen geplagt sind. Außerdem kämpfen sie mit anderen Emotionen: Existenzängsten, Süchten, Machtgelüsten, Habgier, Neid und Erschöpfung. Zusammengefasst ist für die meisten Menschen Geld und Besitz mit Stress verbunden. Emotional am Schlimmsten hat es jene erwischt, die zu wenig oder zu viel davon haben. Aber auch der Mittelstand kämpft um den Erhalt seiner finanziellen Gesundheit. Es ist daher einigen nicht übel zu nehmen, dass sie sich mit Geld nicht näher befassen wollen.

Um es sich erträglich zu machen, entscheiden sich junge Menschen für eine gute Ausbildung und einen sichereren Gehaltsscheck. Die Pensionierung ist für ein paar Alteingesessene immer noch der Höhepunkt ihrer Karriere. Doch diese Sicherheit hat ihren Preis. Wir versäumen es, unsere beruflichen sowie geistigen Potenziale voll und ganz zu entwickeln und – vor allem – unser *finanzielles Potenzial* zu entfalten.

Stattdessen begnügen wir uns mit dem, was wir in unserer Gesellschaft vorgelebt bekommen: Langeweile, Monotonie, Einfallslosigkeit und Abgestumpftheit. Wer doch einmal etwas Aufregenderes sucht, findet es in Neid, Manipulation, Kummer, Burnout und sinnloser Verschwendung. Das ist das Ergebnis unserer neurotischen Beziehung zu Geld: Armut in der Psyche – und im Geldbeutel.

Im Herzen des Geldes

Was ist aber, wenn Geld nichts für unser Leid kann? Was ist, wenn wir uns eingestehen müssen, dass Geld und Besitz lediglich Emotionen und Gedanken auslösen, die immer schon in uns waren? Wie müssen wir Geld behandeln, wenn wir die Verantwortung für unsere Schattengefühle übernehmen und Geld nicht mehr zum Sündenbock unserer Probleme machen?

Wir müssen in das Herz des Geldes vordringen, um Antworten darauf zu finden. Dann sehen wir die wahre Ursache für unsere Geldprobleme und Geldsorgen. Plötzlich erkennen wir unsere eigenen Selbstwertprobleme, die uns im Wege stehen. Oder wir kommen darauf, dass bei Geldschulden vielleicht Schuldgefühle im Spiel sind. Jedenfalls beginnen wir, mehr über uns selbst in Erfahrung zu bringen.

Wenn wir eine gesunde und ausgewogene Einstellung zum Geld kultivieren wollen, müssen wir zum *Herzen des Geldes* vordringen – und damit auch jegliche Verurteilung und Beschuldigung loslassen. Und zwar nicht nur die Verurteilung des Geldes, sondern auch die anderer Menschen und des Selbst. Erst dann sind wir fähig, Klarheit über jene Gefühle und Gedanken zu gewinnen, die uns den Weg zu einem finanziell glücklichen und sorgenfreien Leben versperren.

Geld kann uns dabei unterstützen, innerlich zu wachsen und ein besserer Mensch zu werden. Geld hat tief in sich das Potenzial, uns spirituell zu bereichern und emotional zu inspirieren. Es ist lebendig, dynamisch und strebsam nach Höherem. Genau deshalb strebt der Mensch danach. Mit Geld verbindet uns weitaus mehr, als wir zunächst vermuten würden. Es ist also höchste Zeit, unsere Beziehung zum Geld zu verändern.

Die Psyche und Seele des Geldes verstehen

Die Antwort ist natürlich Nein. Der Krieg mit dem Geld, den wir schon seit vielen Generationen führen, ist ein Krieg, der nur in unseren Gedanken und unserer Psyche stattfindet. Das Leid ist groß, und damit es erträglicher wird, suchen wir nach Gleichgesinnten, die diesen Krieg mit uns tragen. Sie treffen sich in Gruppen, um Menschen zu manipulieren und Angst zu schüren. Die Gegen-Bewegung von linken Gruppen, die gegen Politiker und Banker hetzen, stiften genauso Unfrieden.

Wir müssen aber jetzt den Geld-Krieg der Generationen beenden. Dieser Ratgeber hat es sich zum Ziel gesetzt, dass Menschen lernen, *Frieden* mit dem Geld und mit sich selbst zu schließen. Er soll helfen, den Umgang mit Geld zu erleichtern und die Beziehung zum Geld grundlegend zu verändern.

Wir müssen uns fragen, was uns davon abhält, finanziell glücklich zu sein. Die Antwort ist im Inneren zu finden. Alle Gefühle, Gedanken, Einstellungen und Vorstellungen in uns wirken sich auf das finanzielle Leben aus. Ändern wir unser *Bewusstsein* zum Geld, können wir weisere Entscheidungen treffen und klügere Handlungen setzen.

Der Ratgeber

Dieses Buch soll dir heilsames und bewusstseinsveränderndes Wissen liefern. Es soll dir helfen, Geldsorgen loszulassen, Existenzängste zu überwinden und Armutsdenken zu transformieren. Dabei helfen dir zahlreiche Übungen, bei denen du nichts falsch machen kannst. Sie helfen dir, das Wissen erlebbar zu machen, Klarheit in dein Geldleben zu bringen, und sie fördern die mentale und seelische Gesundheit.

Und je mehr deine dunklen Emotionen und Gedanken weichen, desto tiefer kannst du in das Herz des Geldes vordringen. Du beginnst dann, über Geld anders zu denken, zu fühlen, zu sprechen und zu handeln. Der Umgang mit Geld vollzieht sich mit mehr Klarheit, Gelassenheit und Balance.

Bevor du zum Lesen übergehst, entscheide dich für eine Intention. Wähle die Absicht, mit der du dieses Buch lesen möchtest. Entscheide dich beispielsweise, dass du die Wörter tief in dich einsickern lassen willst. Die Wörter sollen so sehr an Kraft gewinnen, dass du ihre Wirkung regelrecht *spüren* kannst.

Meine eigene Geldgeschichte

Ich komme selbst aus armen und einfachen Familienverhältnissen. Ich bin stolz auf meine Eltern für ihren Mut, den sie in den 1970er Jahren gezeigt haben. Sie verließen ihr Land, um als Gastarbeiter in Österreich Fuß zu fassen. Die eigene Kultur und das eigene Land zu verlassen, um seinen Kindern ein besseres Leben zu ermöglichen, beweist, wie verantwortungsbewusst viele Eltern sind. Ich habe das erst 30 Jahre später erkannt.

Was das Thema Geld betrifft, das beschäftigt mich schon mindestens genauso lange. Ich habe diesbezüglich sämtliche Stationen in meinem Leben durchgemacht. Ich habe ein Leben in Armut geführt, als Selbstständiger am Hungertuch genagt und alle Geldsorgen kennengelernt, die ein Mensch nur haben kann. Auch kenne ich die Seite des Reichtums. Ich lebte wie ein Millionär und bin bereits mein Leben lang von wohlhabenden Menschen umgeben. Umgeben von Wohlstand, Luxus, Jetset-Partys und Luxushotels.

Das Leben im Spagat half mir, das Licht und den Schatten beider Seiten kennenzulernen. Mir wurde dabei eines klar: Ganz gleich, auf welcher Seite ich mich befand – also im Luxus oder in der Armut –, es gab immer Gemeinsamkeiten. Ich sah, wie reiche und arme Menschen gleichermaßen von Existenzängsten und Einfallslosigkeit geplagt sind. Ich konnte beobachten, dass reiche und arme Menschen den Kopf nicht frei bekommen vor lauter Gier, Neid und Unsicherheit. Auch ich selbst litt unter all den dunklen Gefühlen und Gedanken, die ich in diesem Buch erwähne.

Eines Tages beschloss ich dann, Geld zu meinem *Guru* zu ernennen. Guru ist das Sanskrit-Wort für einen Lehrer, der einen von der Dunkelheit ins Licht führt. Ich wollte den Schatten des Geldes verlassen und in dessen Herz eindringen. Ich nahm Geld als Möglichkeit, meine eigenen Schattengefühle, Unsicherheiten, Ängste und Schuldgefühle unter die Lupe zu nehmen und ins Licht zu transformieren.

Ich wollte einfach nur Frieden schließen: Frieden mit mir selbst *und* dem Geld. Ich wünschte mir sehr, dass wir beste Freunde werden, die einander mit Wertschätzung und Respekt begegnen. Gleichzeitig sehnte ich mich nach schönen Gefühlen, die Geld in mir auslösen sollte.

Ich wünschte mir, dass sich Geld für mich genauso frisch anfühlen möge wie die reine Bergluft in den Alpen oder die Meeresluft am Atlantik. Ich wollte es genauso fließen sehen wie den Amazonas in Brasilien und den Ganges in Indien. Außerdem sollte es sich so unschuldig und segensreich anfühlen wie das Weihwasser eines Tempels. Und genau das wünsche ich mir jetzt auch für dich.

Geld soll dir von nun an alle Erfahrungen ermöglichen, die Balsam für deine Seele sind. Ich wünsche dir ein Leben in Gelassenheit und Sorgenfreiheit. Im Geld stecken unbekannte Potenziale, die dein Inneres und Äußeres bereichern können. Diese Potenziale sind im *Herzen des Geldes* zu finden.

Ich wünsche dir, dass du Reichtum und Freude wiedererlangst. Werde finanziell glücklich und lebe sorgenfrei!

Asim Aliloski

Hinweis zur Ausführung der Übungen

Im Buch findest du mentale und meditative Übungen, die dir dabei helfen, ein neues Geldbewusstsein zu schaffen und deine Beziehung zum Geld zu verbessern.

Für die richtige Ausführung der Übungen werden die folgenden Punkte empfohlen:

- Mache die Übungen nur in einem entspannten Zustand. Tiefere und bewusstere Atemzüge vor einer Übung können dir helfen, diesen Zustand zu erreichen.
- Suche dir für die Übung einen Ort aus, an dem du frei von Ablenkung und anderen Störfaktoren bist.
- Wichtiger als die Übung selbst ist immer die Absicht und Motivation, mit der du sie ausführst. Werde dir daher vor jeder Übung klar, dass du dir eine positive Veränderung wünschst.
- Wiederhole einige Übungen mehrmals täglich oder auch wöchentlich, bis die Veränderung vollzogen ist oder du zumindest den Eindruck hast, dass du sie nicht mehr benötigst.
- Mit den Übungen können sich dann neue Einsichten einstellen, Zufälle oder Synchronizitäten ergeben, Eingebungen, Visionen und Träume aufkommen, Situationen und Ereignisse geschehen. Sie helfen dir auf deinem Weg der Transformation.

TEIL 1

*Neue Geldgefühle –
wie du finanziellen Stress
verwandeln kannst*

Einleitung

Einem Alchemisten wird gewöhnlich nachgesagt, dass er die Fähigkeit habe, alles, was er angreift, in Gold zu verwandeln. Er sehnt sich danach, unedle Metalle edel und kostbar zu machen. Auch in der Medizin war das alchemistische Denken einst weit verbreitet. Es war die Domäne der Weisheitsgelehrten. Sie mischten pflanzliche, mineralische und animalische Stoffe, um ein wirksames Heilmittel zu erstellen. Ein kranker Körper wurde so wie durch ein Wunder gesund.

Die Fähigkeit zu verändern und zu transformieren liegt in jedem Menschen. Jeder Mensch kann sich Zutritt verschaffen zu einem unendlichen Ausmaß an Kreativität, Ideen, Eingebungen, Fähigkeiten, Talenten und Potenzialen. Sie erlauben es ihm, die Kunst der Verwandlung auszuüben. Woher diese Ressourcen kommen, ist noch unklar. Die einen bezeichnen die Kräfte in uns als Übersinnlichkeit oder Mystik und gehen von einer göttlichen Quelle aus. Andere machen sich weniger Gedanken darüber und nutzen einfach ihr höheres Potenzial für ihre Entfaltung.

Woher diese Kräfte kommen, ist auch nicht weiter wichtig. Erheblich wichtiger ist es zu wissen, dass diese Ressourcen uns überhaupt zur Verfügung stehen, und mit ein wenig Übung kann jeder sie sich zu eigen machen.

Der normale Mensch hat dies leider vergessen. Er hat vergessen, welche Möglichkeiten und Kräfte in ihm liegen. Er hat vergessen, wie er diese Kräfte aktivieren und nutzen kann. Er kann sich nicht mehr daran erinnern, wer er wirklich ist und wozu er in der Lage ist. Er sieht sich als machtloses, beengtes, fremdbestimmtes Wesen, das dazu verurteilt ist, ein Leben in Kompromissen und Begrenzungen zu führen. Der normale Mensch hat seine Macht abgegeben.

Auch in Sachen Geld hat uns diese Erinnerung an unsere schöpferische Kraft verlassen. Wir finden uns daher damit ab, gar keines oder wenig Geld zu haben. Wir finden uns mit allen Stresssymptomen und Sorgen ab, die Geld in uns auslöst. Wir gehen Kompromisse ein, verzichten auf Wünsche, statt uns vor Augen zu führen, wonach wir uns wirklich sehnen – nämlich danach, unsere Fähigkeiten der Verwandlung wiederzuentdecken und dafür zu nutzen, uns ein sorgenfreies Leben in Fülle, Wohlstand und Glück zu erschaffen.

Ein Blick in die Seele eines Alchemisten verschafft Zugang in die unendlichen Potenziale des Menschen. Ein Alchemist ist stets neugierig, kreativ, forschend, fragend und mystisch. Er bleibt im Geiste frisch und jung. Er will stets ein Meisterwerk vollbringen, Verbitterung lenkt ihn zu sehr von seiner Herrlichkeit ab.

Wenn es um unser Hab und Gut geht, dann kennen die meisten aber etwas anderes: arbeiten, mehr arbeiten, verbissen sein, verbissener sein, noch mehr arbeiten und noch verbissener sein. Andere entscheiden sich für Besorgtheit, mehr Besorgtheit, dafür, sich zu ängstigen, noch mehr zu ängstigen und sich noch mehr zu sorgen.

Ein Alchemist würde hier sagen: »Atme tief durch und erinnere dich, wer du wirklich bist. Du bist eine himmlische Schöpfung, mit Universum und Erde verbunden. Der menschliche Körper besteht aus denselben Stoffen wie die Natur. Aber die Moleküle sind zu 99,99 Prozent leerer Raum, wie das Universum auch. Wir sind also eins mit den Kräften der Natur und des Universums.« Der Alchemist folgert daraus: »Erinnere dich an deine Kraft und hole sie dir zurück. Wandle damit dein Leben zu mehr Kostbarkeit.«

Bei den meisten Menschen herrscht im Alltag aber etwas anderes: Abgestumpftheit, Ideenlosigkeit, Langeweile, Monotonie und Ablenkung. Für den Alchemisten kommt dieser Geisteszustand dem Tod nahe. Sein meisterliches Lebenswerk ist bedroht, die Fähigkeit, Unedles in Kostbares zu verwandeln, erstickt.

Erinnern wir uns daher wieder an die Fähigkeit der Verwandlung, die immer schon in uns existierte und uns ewig erhalten bleiben wird. Wir haben Vorbilder, die uns ins Gedächtnis rufen, welche Kräfte wir Menschen in uns tragen. Es sind Menschen, die sich ihrer Kräfte bedienen uns so etwas Wunderbares, Großartiges, Unmögliches erschaffen, manchmal sogar aus dem Nichts heraus oder aus tiefster Verzweiflung und Hoffnungslosigkeit.

Sie sind Alchemisten, und auch wir können uns mit alchemistischen Energien verbinden. Diese können uns helfen, Existenzsorgen und Ängste zu verwandeln, die größten Potenziale des Geldes zu entdecken und unsere eigenen Potenziale wieder wachzurufen.

Eines der größten Potenziale des Menschen ist die *Liebe*. Jeder Mensch kann lernen zu lieben. Auch das verschlossenste Herz ist eines Tages bereit, wieder zu lieben. Und auch Geld kann wie eine heiße Liebe oder ein ständiger Flirt sein. Es will gepackt und leidenschaftlich in die Arme genommen werden, ein anderes Mal braucht es das Loslassen und die Hingabe. Das ist eine Kunst aus männlichen und weiblichen Energien, in deren Tanz man sich üben kann.

Wer eine tiefe und gefühlvolle Beziehung zu einem Tier aufgebaut hat, der weiß, dass er sich dessen Vertrauen verdienen muss. Ein Tier kommt erst dann zu einem, wenn man nicht zu aufdringlich ist und sich ihm öffnet. Der Tierbesitzer kann so lernen, Vertrauen aufzubauen und an seiner Ausstrahlung zu arbeiten. Tiere, die auf Abstand bleiben, haben einen Menschen vor sich, der sie mit Druck, Gewalt oder Unsicherheit kontrollieren möchte. Sie fühlen keine Verbundenheit, keine Magie, keine Anziehung und bleiben deshalb auf Distanz.

Beim Geld ist es nicht anders. Wir müssen eine grundlegend neue *Beziehung* kultivieren, die erst dann gelingen kann, wenn wir eine glanzvolle Ausstrahlung gewinnen, innere Selbstsicherheit finden und die Leidenschaft für das Leben wiederentdecken. Dann erst werden wir Geld *leicht* machen können, statt es auf Distanz zu halten. Der Alchemist ist sich dessen stets bewusst.

Ein Alchemist macht alles kostbar, was er in die Hände bekommt. Das sind die heute erfolgreichen Menschen, denen wir nachsagen, dass sie alles zu Gold machen, was sie angreifen. Sie haben magische Hände, die magische Fähigkeiten hervorbringen. Alles, was ein Alchemist berührt, wird zu Gold und Glanz.

Aber Vorsicht! Mach dir immer die Intention klar, mit der du wieder Glanz erschaffen willst. Ist die Verwandlung dein innigster Herzenswunsch, oder bist du nur voller Angst und Gier, die du zu vermeiden versuchst? König Midas konnte alles in Gold verwandeln. Der mythische Herrscher verfiel jedenfalls der Gier, und am Ende musste er dafür mit dem Tod bezahlen. Deshalb beschreibt der »Midaskomplex« in der Psychoanalyse die Gefahren, die von Geldgier ausgehen.

Lass dich auf den nächsten Seiten von den reinen Kräften eines Alchemisten inspirieren und blicke tief in die Kunst der Verwandlung.

Verwandle Geldsorgen in Sorgenfreiheit

Ein Mensch mit Geldsorgen besitzt *eine* noble Eigenschaft: Er hat Geld zum wichtigsten Thema in seinem Leben ernannt. Die ersten Gedanken in der Frühe, dann immer wieder zwischendurch und die letzten vor dem Einschlafen kreisen um seine Finanzen.

Es ist nichts Falsches daran, Geld zu seinem wichtigsten Sparringpartner zu machen. Denn Geld kann uns dabei helfen, zu überleben. Und auf der Erde geht es auch ums Überleben. Die Natur macht es uns tagtäglich vor. Wer das leugnet, der leugnet das Leben auf der Erde.

Der Mensch von heute ist aber glücklicherweise fähig, das Überlebenstraining *müheloser* zu absolvieren und sich wieder seiner höheren geistigen Kräfte zu bedienen. Wir müssen uns nicht mehr ums Überleben Sorgen machen, sondern sind dabei, das Leben nach eigenem Willen bewusst zu gestalten.

Ein Alchemist, der einen nicht kostbaren Stein vor sich hat, sieht ihn mit Liebe und Akzeptanz an. Er hat Respekt vor *allem*, was existiert. Denn er weiß, dass sich dahinter ein Diamant verbergen könnte. Der Alchemist beobachtet neugierig, was gerade vor ihm ist, und sieht darin Möglichkeiten der Wandlung und des Wachstums.

Das Streben nach Überleben ist ein Spiel auf der Erde. Auch der Mensch möchte dieses Spiel erfahren. Wir können nur dann dieses Spiel verlassen oder eigene Regeln aufstellen, wenn wir zunächst die Dinge mit Akzeptanz und Anerkennung würdigen.

Bei Geldsorgen ist das nicht anders. Auch Sorgen benötigen unsere Akzeptanz und Anerkennung. Sie existieren zunächst nur im Kopf. Sie sind meistens auf Gefahren gerichtet, die irgendwann hereinbrechen könnten oder bereits hereingebrochen sind. Oder vielleicht treten die Befürchtungen auch nie ein. Sorgen lieben es aber trotzdem, sich zu sorgen. Das ist ihre einzige Aufgabe!

Ein Alchemist würde Sorgen so nehmen, wie sie gerade sind – und dann seine Arbeit an seinem Meisterwerk fortsetzen. Wer weiß, welche Blüte sich öffnet, wenn er Sorgen annimmt und sie dann in etwas anderes verwandelt.

Und *alle* Menschen haben Geldsorgen. Menschen mit wenig Geld sorgen sich, dass sie keines haben, und wollen mehr. Menschen mit viel Geld sorgen sich, dass sie es eines Tages verlieren könnten. Tag ein Tag aus sind Sorgen unsere treuesten Begleiter. Auf sie ist stets Verlass.

Die alchemistische Verwandlung

Nimm nun deine finanziellen Sorgen her, lass sie aus dem Kopf rausgehen und sich vor dir aufstellen. Lass zu, dass sie sich dir zeigen, und beobachte sie ganz bewusst. Höre zu, was deine Sorgen dir sagen wollen. Schau dir an, wie deine Sorgen aussehen. Vielleicht siehst du eine Farbe, Bewegung, ein Muster oder hörst, fühlst oder riechst etwas dabei. Lass nun all deine Geldsorgen vor dir erscheinen. Bringe sie auf Papier. Schreibe sie nieder, damit sie vom Kopf aufs Papier kommen können. Es ist nun an der Zeit, sie bewusst wahrzunehmen und bewusst in einen Dialog mit ihnen zu gehen.

Sprich nun zu deinen Geldsorgen folgende Sätze:

»Danke, dass ihr (Sorgen) da seid, und danke, dass ich immer auf euch zählen kann. Danke, dass ihr mich gewarnt habt und weiterhin warnen wollt. Ich möchte neugierig und interessiert wissen, wie wir friedlicher miteinander leben können. Fühlt ihr euch manchmal erschöpft? Seid ihr mitunter zu sehr ausgelastet? Bitte verzeiht mir, dass ich euch so missachtet, ignoriert oder verabscheut habe.

(Ruhig und immer tiefer ein- und ausatmen.)

Danke für alles, was ihr bisher für mich getan habt. Ich verspreche euch, mir ab jetzt anzuhören, was ihr mir zu sagen habt. Ihr dürft euch wieder melden, aber bitte ganz sanft. Und mein Leben nehme ich nun selbst in die Hand. Und ich wünsche mir, für euch, dass ihr in die wohlverdiente Freiheit geht. Ihr habt alles geleistet, was zu leisten war. Ihr habt einen wunderbaren Job gemacht. Ihr habt mich beschützt.

Ich bin jetzt wieder vollkommen anwesend und kann dadurch die Verantwortung für mein Geld selbst übernehmen. Ich übernehme die Führung. Ich kümmere mich um meine Finanzen. Ich verspreche, dass ich mein Bestes geben werde. Ich wünsche euch alles Liebe! Ihr dürft wieder anklopfen, aber ruhiger und sanfter, und dann für immer gehen. Ich führe jetzt mein Leben selbst, nicht ihr führt es für mich. Und anschließend schicke ich euch wieder in die Freiheit.

Siehe nun, wie all deine Sorgen von einer glitzernd weiß-goldenen Lichtwolke umhüllt werden. Es können dabei auch andere Farben wie Violett hinzukommen. Lass das Licht tief in deine Sorgen eindringen. Glitzernd kleine Lichter verbreiten sich überall.

Die Sorgen verlieren immer mehr ihre Existenzgrundlage. Es kann sein, dass sie kleiner werden oder verschwinden. Lass die Lichtwolke den Rest deiner Sorgen umhüllen, bis lauter kleine Bläschen entstehen, solange, bis sie sich in ganz kleine leuchtende Kügelchen verwandeln und davonfliegen.

Die meisten Menschen wünschen sich, sich übers Geld keine Gedanken mehr zu machen. Natürlich, wer lauter Sorgen hat, der hat keinen Spaß. Aber jetzt ist das anders: Wenn Sorgen weniger werden, dann gibt es mehr Raum für Lösungen. Kreative Gedanken und heilende Einsichten kommen auf, die dich und dein finanzielles Leben auf eine neue Ebene bringen.

Gehe von nun an alchemistisch und lichtvoll mit deinen Sorgen um. Wiederhole jedes Mal die Übung, wenn ein sorgengefüllter Gedanke hochkommt. Es ist dein Recht, an Geld zu denken, ohne dabei Sorgen zu haben. Es ist dein Recht, dein finanzielles Leben so einzurichten oder zu ändern, dass du nicht mehr von Sorgen geplagt bist. Das ist das, wonach du strebst: dein neues Leben mit dem Geld.

Verwandle Geldarmut in Reichtum

Die meisten finden bescheidene Menschen, die sich genügsam und unauffällig geben, sympathisch. Wir gehen lieber mit einem anspruchslosen Menschen frühstücken als mit einem, der in Juwelen und einem Rolls Royce zum Restaurant vorfährt.

Auch wünschen sich die meisten Eltern bescheidene Kinder, die wenig fordern und sich mit allem zufrieden geben. Kinder, die hohe Ansprüche an ihre Eltern stellen, viel verlangen und einfordern, empfinden wir als schwierig und lästig. Um nicht aufzufallen und zu gefallen, passen sich diese Kinder an. Sie tun alles, um von ihren Eltern geliebt zu werden. Am Ende opfern sie ihre wahren Bedürfnisse und Wünsche.

Auch wir haben uns als Kinder mehr angepasst, als es gesund war, und dafür einiges geopfert. Wir haben gelernt, tiefe Wünsche und Sehnsüchte nicht voll und ganz zu bejahen.

Mutter Theresa, Gandhi und auch Buddha haben in Verzicht gelebt. Sie haben sich der Bescheidenheit verschrieben. Und dafür sind sie Vorbilder für viele Menschen geworden. Es ist aber erstaunlich, dass so wenige Menschen wissen, wie viele Superreiche mehrere Milliarden ihres Vermögens für gute Zwecke spenden. Außerdem waren Theresa, Gandhi und Buddha materiell gut versorgt. Sie haben bewusst verzichtet, in dem Wissen, dass sie stets genug haben werden.

Viele entscheiden sich lieber für ein genügsames Leben und schielen dann doch mit einem Auge auf Klatschblätter, in denen die Reichen und Berühmten abgebildet sind. Sicher, nicht jeder Mensch hat wirklich das Bedürfnis nach Reichtum. Es geht aber darum, den *inneren* Sehnsüchten sein Ohr zu leihen und sich von *inneren* Blockaden zu lösen.

In Sachen Geld haben die meisten bescheidene Ziele – in die Fachsprache übersetzt: realistische und erreichbare. Sie geben sich damit zufrieden, wenn sie keine neuen Schulden machen oder ihre Miete bezahlen können. Das nahe Umfeld applaudiert: »Was für ein genügsamer und einfacher Mensch. Wer braucht schon mehr, um zufrieden zu sein?« Am Ende kann man sagen, man hat überlebt.

Leider hat Genügsamkeit auch eine Kehrseite. Sie nennt sich *falsche* Bescheidenheit. Sie ist manchmal nicht vereinbar mit den wahren Wünschen, die tief im Herzen eines Menschen verborgen sind. Wenn wir glauben, dass gute Menschen genügsam leben müssen, belügen wir uns selbst.

Wir unterdrücken unsere Sehnsüchte, weil wir glauben, es wäre »schlecht«, mehr zu wollen, als wir haben. Es stimmt schon – sicherlich gibt es einige Menschen, die lernen müssen, bewusst zu verzichten. Die Mehrheit der Menschen muss aber wohl eher lernen, seine wahren Bedürfnisse, Sehnsüchte, Träume und Wünsche zu erkennen, kompromisslos zu ihnen zu stehen und Glanz, Gold sowie Fülle im Leben *zuzulassen*. Die universelle Fülle umfasst das Materielle ebenso wie das Spirituelle.

Wer kann ganz frei und ungehemmt, ohne mit der Wimper zu zucken oder den Blick abzuwenden, stolz und selbstbewusst sagen, dass er sich ein Leben in erfüllendem Reichtum und materiellen Wohlstand wünscht? Wer kann offen über seine größten finanziellen Wünsche sprechen? Wer traut sich, sich ein Leben zu wünschen, das voller Liebe, Freude und Freiheit ist? Wer steht in der Öffentlichkeit voll und ganz zu seinen größten Sehnsüchten, Träumen, Reichtümern und Leidenschaften? Und wer kann von sich freiweg behaupten, sein volles finanzielles Potenzial entfalten zu wollen?

Die Angst davor, von anderen verurteilt zu werden, lässt uns klein und unscheinbar leben. Wir unterdrücken unsere Wünsche und unsere Sehnsucht nach Fülle und Freude so stark, dass wir sie bald selbst vergessen und in einer falschen Vorstellung der Genügsamkeit leben. Und diejenigen, die dann doch zu ihrem wahren Ich stehen, wenn auch nur im kleinen Ausmaß, werden als materialistisch, egozentrisch und geldgeil beschimpft. Doch von wem kommen solche Beschimpfungen? Von Menschen, die in Wirklichkeit selbst eine neurotische Beziehung zum Geld haben. Wahrscheinlich nicht nur zum Geld, sondern auch zu sich selbst.

Ein Alchemist geht keine Kompromisse ein. Er forscht, tüftelt, experimentiert und bleibt an der Sache dran, bis das Edle und Noble zum Vorschein kommt. Er ist selbstzufrieden und stolz auf den Weg, den er geht. Er freut sich geduldig über jeden kleinen Fortschritt und bewundert den Entfaltungsprozess des noch unedlen Steins.

Auch für *dich* gibt es ein Elixier, das dich aus falscher Bescheidenheit heraustreten lässt. Es nennt sich *Selbstliebe*. Wenn du dich selbst wertschätzt und liebst, dann beginnst du auch all deine Träume und Sehnsüchte zu achten. Wenn du dich selbst wertschätzt, dann bist du nicht mehr bereit, Kompromisse einzugehen, die dich in deiner wahren Größe beschränken. Du liebst dich, das Leben, das Geld und bist bereit, alles zu tun, um dich ganz zu entfalten.

Dein Wunsch, dein volles finanzielles Potenzial zu leben, kann dich animieren und inspirieren, aus den Schuhen von Aschenputtel herauszutreten und zur Prinzessin oder zum Prinzen zu werden, Geld und Fülle zu deinem besten Freund zu machen. Es kann dich dorthin treiben, deine Potenziale auszubauen und dich der Welt glanzvoll zu offenbaren. Es kann dich beleben, inspirieren, emotionalisieren und puschen. Du bist einzigartig und kostbar, wie jeder Mensch.

Die alchemistische Verwandlung

> Gehe deinen Weg des Geldreichtums. Siehe, wie sich jetzt ein goldener Weg in prachtvollen Farben vor dir auftut, und beobachte, was dir auf diesem Weg alles zufließen möchte. Nimm alles mit, was dir begegnet. Empfange alle

Geschenke, die dir überreicht werden. Erkenne, zu welchem reichen Menschen du heranwachsen willst. Zeige dich in deiner vollen Pracht.

Sprich nun auf deinem Weg der Fülle folgende Sätze:
»Ich fordere ein, was mir zusteht. Ich fordere liebevoll das Leben ein, das mir alle Möglichkeiten bietet, die mein Herz sich ersehnt. Ich pflücke auf diesem Weg alles, was ich mir zutiefst wünsche und ersehne. Ich bitte, meine wahre Größe zu erkennen und anzunehmen. Der Schlüssel dafür ist Selbstliebe und Selbstwertschätzung. Ich bin bereit, mich selbst zu lieben, mich selbst wertzuschätzen und zu empfangen.
(Nimm mehrere tiefere Atemzüge.)
Es steht mir zu, ein Leben in Fülle und Reichtum zu führen. Reich an Geld, reich an Liebe, reich an Ideen, reich an Potenzialen, reich an Erlebnissen, reich an Schönheit, reich an Heilung, reich an Veränderung, reich an Wachstum, reich an Kraft. Ich gehe jetzt meinen ganz eigenen Weg des Reichtums. Es steht mir zu, denn ich liebe mich und ich werde geliebt.«

Dein ganz eigener Weg der Fülle ist nicht vergleichbar mit dem eines anderen Menschen. Finde heraus, nach welchem inneren und äußeren Reichtum sich dein Herz sehnt. Die einen schätzen es, in einem Gourmet-Laden einzukaufen, andere lieben die Schätze der Natur oder außergewöhnliche Reisen, oder sie sehnen sich nach einem erfolgreichen und sinnstiftenden Unternehmen. Wisse, dass es deinen ganz persönlichen alchemistischen Ausdruck gibt, der von dir entdeckt werden möchte.

Verwandle Geldprobleme in Potenziale

Ideen sind solange nützlich, wie sie frisch, jung und innovativ bleiben. Wenn sie nicht mehr inspirierend sind, wachsen sie nicht mehr. Auch auf Produkte, Unternehmen und sogar Menschen trifft das zu. In der Wirtschaft läuft es genau so. Entwicklung ermöglicht Innovationen, Freiheit, Inspiration, Zeitgeist, Transformation und Dynamik.

Wenn es an Entwicklung mangelt, wächst die Wirtschaft nicht mehr. Wo kommt der Mangel her? Warum herrscht so viel Mangel? Weil wir zu sehr am Alten und Gewohnten festhalten. Sie verhindern den nächsten Entwicklungsschritt.

Die Lösung für alle persönlichen Probleme ist Wachstum in uns selbst. Der kann körperlich, mental, emotional oder spirituell erfolgen, idealerweise auf allen vier Ebenen. Wachsen wir, werden die Probleme kleiner. Auf den Punkt gebracht: Wir werden reflektierter, bewusster, innovativer, kreativer, frischer und flexibler. Das bringt auch Wachstum in unser *finanzielles* Leben.

Wenn der wirtschaftliche und politische Zustand eines Landes stockt, liegt der Grund darin, dass eine kritische Masse in der Bevölkerung noch in alten Mustern gefangen ist. Wenn ein Mensch geistig nicht wächst, stockt sein Leben. Und wenn viele Menschen sich nicht fortbewegen, stockt ein ganzes Land.

Wenn jemand finanzielle Probleme oder Sorgen hat, hat er oder sie es zunächst einmal in unserer Gesellschaft nicht leicht. Wir haben Geld ja zum Tabu-Thema gemacht. Wer traut sich schon, bedenkenlos preiszugeben, dass er kein Geld hat, mit Existenzängsten lebt, verschuldet ist, beruflich mehrfach scheitern musste und dass er für sein Geld vielleicht sogar etwas Inakzeptables getan hat?

Niemand will für seine Schandtaten verurteilt werden. Aber schlimm wird es, wenn anderen dafür die Schuld zugeschoben wird. Es sind »immer« die Politiker, die Wirtschaftssysteme, die Chefs, die Konjunktur, die Geldeliten, die Eltern, die Ex-Partner und das Arbeitsamt schuld an der Misere. Andere entscheiden sich dafür, sich selbst zu beschuldigen, weil sie ihr Leben nicht auf die Reihe kriegen.

Dadurch passiert aber Folgendes: Du bist *machtlos* und kannst nichts in deinem Leben ändern! All deine Macht und Kraft hast du abgegeben, so dass alles immer beim Alten bleibt. Du fühlst dich ausgeliefert und frustriert und weißt keinen Ausweg mehr. Du denkst, dass erst dann etwas in deinem Leben geschehen kann, wenn sich alles um dich herum verändert, wenn der Chef, der Staat, die Wirtschaft oder das Geld anders wären. Das bringt aber *nicht* die Veränderung in deinem Leben!

Lass ab von aller Verurteilung und Schuldzuweisung, wenn du aus deinem Problem hinauswachsen willst. Mach dich frei von Scham und Schuld, wenn du über deine finanzielle Situation sprichst. Es ist völlig in Ordnung, dass du gerade da stehst, wo du stehst! Es ist in Ordnung, kein Geld zu haben, zu scheitern, verängstigt, besorgt und verzweifelt zu sein. Alles darf sein. Das macht dich als Mensch nicht kleiner. Und das macht dich als spirituelles Wesen nicht weniger wert. Gestehe dir deine Probleme zu, nimm sie an, und du wirst die Kraft haben, etwas zu ändern und zu bewegen.

Die alchemistische Verwandlung

Schau dir deine aktuelle Geldsituation an und stell dir im nächsten Schritt die folgenden Fragen:

Was will mir das Problem sagen? Wie kann ich aus dieser Herausforderung etwas über mich lernen? Wo soll ich mich hin entwickeln und wovon am besten loslassen? Warum werde ich immer wieder mit Geldsorgen konfrontiert? Was soll ich daraus lernen? Was kann ich dank meiner finanziellen Probleme über mich selbst lernen? Wie kann ich all diese Erfahrungen für mein persönliches und berufliches Wachstum nutzen?

Schau dir jetzt noch einmal deine finanzielle Situation an, segne sie für all die Möglichkeiten und Lernaufgaben, die sie dir schenkt, auch wenn du sie nicht ganz erkennen magst, und entscheide dich selbstbestimmt, den tieferen Sinn dahinter zu erkennen – den Sinn, der dir wahrhaft Heilung und Frieden bringt.

Ein Alchemist verwandelt jedes Problem in eine Lektion, die er nutzt, um mehr über sich selbst zu erfahren und auf neue Pfade zu gelangen. Er fragt nach, wissbegierig, entdeckungsfreudig und abenteuerlustig. Alle Erkenntnisse, Eindrücke und Einsichten nutzt er, um innerlich zu wachsen. Sein Problem wird plötzlich kleiner, weil *er* größer wird. Das Problem wird unterwegs als Chance zum Wachstum gesehen. Und damit gewinnt er Einsichten, die ihn *erlösen*. Für einen Alchemisten birgt jeder Fehler ein verstecktes Potenzial zu mehr Freiheit und Erfolg.

Nimm eine finanzielle Sorge, Schwierigkeit oder Herausforderung und betrachte sie zunächst einmal, wie ein Alchemist einen unedlen Stein anschauen würde. Mach dir klar, dass du dich für nichts zu schämen brauchst. Mach dir klar, dass Selbstverurteilung und Schuldzuweisung keine Veränderung bringen – sie halten dich lediglich dort fest, wo du *nicht* sein willst.

Sprich nun folgende Sätze:
Ich bin jetzt endlich bereit, zu verstehen, warum dieses Problem in mein Leben gekommen ist. Ich gebe niemandem mehr die Schuld an meinen Sorgen und Herausforderungen. Ich sehe ein, dass dieses Problem mich etwas lehren möchte. Warum bist du in mein Leben gekommen? Was darf ich von dir lernen?

Ich schäme mich nicht mehr für meine Probleme. Ich entscheide mich, ganz ungehemmt über meine Lektionen zu sprechen. Ich entscheide mich, frei über Geldprobleme und Geldsorgen zu sprechen. Sinnvoll, nicht jammernd. Ich entscheide mich, ehrlich zu mir selbst und anderen zu sein. Das fällt mir leicht, weil ich mich selbst nicht mehr verurteile. Das fällt mir leicht, weil das Urteil anderer meinen Selbstwert nicht mindert. Denn ich darf Fehler machen. Ich *erlaube* mir, Fehler zu machen. Ich erlaube mir, Fehler zu machen und dabei meine Kostbarkeit, meine Würde und den Respekt zu mir selbst zu bewahren. Jeder Fehler ist ein Geschenk an ein noch unentdecktes Potenzial in meinem Leben.

Achte darauf, ob dir die Antwort intuitiv gleich oder erst in den nächsten Tagen kommt. Die Antworten können durch Zufälle, in Träumen, Büchern oder von anderen Menschen zu dir stoßen. Verliere nicht die Geduld. Wenn du bereit bist, die wahre Ursache zu erkennen – und erst dann –, wirst du auch zu deiner Einsicht gelangen. Achte auf alle Zeichen, in dir und um dich herum, die sich erge-

> ben. Frage dich immer wieder nach dem tieferen Sinn, bis er für dich ganz klar erkennbar ist.

Verwandle Geldblockaden in einen Fluss

Wenn ein Knochen bricht und gut verheilt, ist er danach an der Stelle härter, als er es vorher war. Wenn das Immunsystem geschwächt wurde und sich wieder regeneriert, ist es stärker als zuvor. Bringt der Körper seine Heilkräfte zum Einsatz, geht er gestärkt und zuversichtlicher aus seiner Krankheit hervor. Er ist dann bestens gewappnet gegen ähnliche Angriffe.

Auf geistiger und spiritueller Ebene ist es nicht anders. Das, was gerade deine größte Schwäche ist, deine größte Sorge, dein größtes Manko, kann sich in naher Zukunft in deine größte Stärke und dein größtes Potenzial verwandeln. Was jetzt in deinem Leben beschwerlich aussehen mag, kann so gut verheilen, dass es eines Tages zu deinem größten Segen wird.

Wenn die Wunden in dir verheilen, bedeutet das für dich:

*Bist du gierig, steckt in dir das Potenzial,
eines Tages sehr großzügig zu sein.
Bist du neidisch, steckt in dir das Potenzial,
eines Tages viel gönnen zu können.
Bist du erfolglos, steckt in dir das Potenzial,
eines Tages überaus erfolgreich zu sein.
Bist du pleite, steckt in dir das Potenzial,
eines Tages viel Geld zu haben.
Bist du unglücklich bist, steckt in dir das Potenzial,
eines Tages wunschlos erfüllt zu sein.*

Warum das möglich ist: Wir leben in einer Welt der Dualität. Auch wenn gerade die eine Seite im Leben vorherrscht, existiert ebenso die Gegenseite. Das heißt, wenn Misserfolg da ist, muss auch irgendwo der Erfolg warten. Jede Nacht wird zum Tag, jeder Untergang hat seinen Aufgang und jeder Mangel führt zur Fülle.

Begreifen wir die Lehre daraus: Je ärmer wir sind, desto reicher können wir werden. Je kränker wir sind, desto heiler können wir werden. Und je erfolgloser wir sind, desto erfolgreicher können wir werden. In der Dualität müssen beide Seiten existieren. Und alles strebt nach Ausgleich.

Voraussetzung ist, dass wir uns bewusst dafür entscheiden, den Weg der Transformation zu gehen. So wie es eine Raupe ganz natürlich tut: Sie verkriecht sich in ihren Kokon. In seinem Schutz verwandelt sie sich. Und bald kommt sie als Schmetterling hervor. So werden Embryos zum Menschen und kleine Samen zu ausgewachsenen Bäumen. Durch Transformation. Sie durchlaufen alle den Prozess der Verwandlung, der ganz natürlich geschieht, jeweils nach seinem Tempo, jeder auf seinem Weg, jeder mit seinem Ziel. Und diese Kraft liegt auch in dir!

Aktiviere diese Kraft in dir. Mach dir *jetzt* klar, dass deine größte Schwäche oder dein größtes Problem derzeit in deinem Leben zu deinem größten Potenzial werden kann. Du bist nicht der Erste, der den Weg der Transformation geht.

Viele schwache Menschen haben sich in Selbstbewusste verwandelt, Kranke haben Heilung erfahren, Arme haben Reichtum erlangt und Depressive wieder zum Glück gefunden. Wahre Geschichten gibt es genug, in der Menschen sich gewandelt haben. Auch *du* hast in dir alles, was du brauchst. Du kannst sowohl dich als auch dein Umfeld verändern. Und ich wiederhole gerne noch einmal:

Wenn du kein Geld hast, steckt in dir das Potenzial, viel Geld zu machen. Wenn du erfolglos bist, steckt in dir das Potenzial, sehr erfolgreich zu sein. Wenn du voller Geldsorgen bist, kannst du lernen, völlig sorgenfrei zu leben. Wenn Neid in dir ist, ist auch Gunst da. Wenn du voller Ängste bist, dann ist Heilung möglich.

Mache hier beim Lesen eine kurze Pause. Lass dies wirken, bevor du weiterliest.

Wenn du ein Problem in einem Bereich hast, wenn du dir Sorgen in einer Situation machst, herrscht dort eine Blockade. Etwas verhindert, dass du weiterkommst und dein Ziel erreichst. Damit es wieder ins Fließen kommt, damit du fähig bist, etwas zu verwandeln oder zu verändern, gilt es, den richtigen Umgang mit diesen Blockaden zu lernen.

Eine Blockade braucht nur eines, um wieder ins Fließen zu kommen: Segen und Akzeptanz.

Der Weg, eine Blockade zu segnen und zu akzeptieren, verläuft über das Verständnis. Eine Blockade kannst du auflösen, wenn du verstehst, welche höhere Bestimmung sie hat, was sie dich lehren mag und zu welchem Potenzial sie dich führen will. Denn Blockaden sind da, um dich daran zu erinnern, was alles in dir steckt, und um deine Potenziale und Verwandlungskünste zu entfalten.

Die alchemistische Verwandlung

> Löse jetzt deine Blockaden zum Thema Geld auf, um dich dem Geldfluss zu öffnen. Spüre in deine Geldblockade hinein. Der nachfolgende Text ist ein Vorschlag, was du dir dabei (laut) vorsagen kannst:

»Ich verstehe, dass alles seinen Sinn hat. Jede Blockade, jede Schwäche, jedes Problem in meinem Leben kann mich lehren, meine größten Potenziale zu verwirklichen. Sie können mich lehren, aus mir herauszuwachsen und mich aufzurichten.

Ich entscheide mich, tiefe Einsichten zu gewinnen. Ich will verstehen, warum diese Probleme und Blockaden in meinem Leben herrschen. Was wollen sie mir mitteilen? Welche Wachstumsimpulse geben sie mir? Was ist ihre höhere Bestimmung? Wovor wollen sie mich schützen?

Jedes Problem, jede Blockade möchte ich von nun an für meinen Erfolg nutzen, für meinen Reichtum, meine Gesundheit, meine Freiheit, meine Vollkommenheit. Ich segne und akzeptiere, was jetzt in meinem Leben *ist*. Ich bin bereit, all das in meinem Leben zu bejahen, was gerade *geschieht*. Ich lasse allen Widerstand los und bin ein für allemal bereit, die höhere Bestimmung meiner Hindernisse zu erkennen.«

Entscheide dich, den Weg der Verwandlung zu gehen. Alles, was gerade jetzt in deinem Leben stockt, kann dann wieder ins Fließen kommen.

Und wenn der Fluss dich sanft mitreißt, gehe mit ihm und spüre die Kraft, die wieder zu dir zurückkehrt.

Die Informationen und Übungen in Teil 2 des vorliegenden Buches werden dir dabei helfen, alles ins Fließen zu bringen, dein volles finanzielles Potenzial zu entdecken und Heilung geschehen zu lassen.

Lass die Wunden in dir verheilen.
Bist du gierig, steckt in dir das Potenzial,
eines Tages sehr großzügig zu sein.
Bist du neidisch, steckt in dir das Potenzial,
eines Tages viel gönnen zu können.
Bist du erfolglos, steckt in dir das Potenzial,
eines Tages überaus erfolgreich zu sein.
Bist du pleite, steckt in dir das Potenzial,
eines Tages viel Geld zu haben.
Bist du unglücklich,
steckt in dir das Potenzial,
eines Tages wunschlos erfüllt zu sein.

TEIL 2

Die Energie des Geldes – Blockaden im Energiesystem auflösen

*Geld ist Energie und im Grunde
genommen eine Ansammlung vibrierender
Teilchen. Und da Energie nicht zerstört,
sondern nur umgewandelt werden kann,
ist sie unerschöpflich.
Geld ist somit nicht nur transformierbar,
sondern auch unerschöpflich – und das
bedeutet, dass jeder Mensch
seine Geldthemen transformieren kann.*

Einleitung

Um Geld zu haben, braucht man nicht besonders schön, intelligent oder talentiert zu sein. Es gibt genügend Menschen, die es nicht sind und trotzdem genug davon besitzen. Geld setzt nicht einmal voraus, ungewöhnlich nett oder freundlich zu sein. Andererseits gibt es eine Menge talentierte, studierte, schöne und herzliche Menschen, die finanziell verschuldet, gestresst und überfordert sind.

Ist das nicht bemerkenswert? Anscheinend ist etwas anderes entscheidend dafür, ob wir einen gesunden und fruchtbaren Umgang mit Geld pflegen. Worauf kommt es aber wohl an, wenn nicht auf Intelligenz oder Bildungsgrad?

Auch die altbekannten Erfolgsformeln, die uns Eltern und Lehrer mitgegeben haben, stellen sich als nicht sehr verlässlich heraus. Wie oft haben nicht einige von uns gehört, dass sie studieren und sich einen sicheren Job suchen sollen? Viele, die diesem Rat gefolgt sind, sind weder reich noch glücklich geworden. Stattdessen plagen sie sich täglich mit langweiligen Jobs herum, die sie einfach nur auslaugen.

Kommt es vielleicht auf die Lebensqualität des Landes an und dessen Wohlstand? Auch nicht unbedingt. Selbst in reichen Ländern leben arme Menschen. Die Konjunktur beeinflusst einen persönlich offenbar nur in geringem Ausmaß. So gibt es in jeder Wirtschaftskrise zahlreiche Menschen, die einen neuen Job finden, eine Gehaltserhöhung bekommen oder ein profitables Unternehmen auf die Beine stellen. Sie scheinen unter Krisen ganz und gar nicht zu leiden.

Das Wirtschafts- und Geldsystem eines Landes beeinflusst den Wohlstand des Einzelnen also kaum nennenswert. Und andererseits bleibt der Erfolg selbst bei alternativen oder fairen Finanzsystemen sowie Subventionen aus, wenn die eigene Beziehung und Einstellung zum Geld nicht stimmen.

Das ist absolut vergleichbar mit der Beziehung in einer Partnerschaft. Natürlich kann der Staat die Institution der Ehe anbieten, welche die Rechte und Pflichten zwischen einem Paar regelt und auch Vergünstigungen bei Steuern und Versicherungen ermöglicht. Das heißt aber noch lange nicht, dass man deswegen den Mann oder die Frau seiner Träume findet. Es ist immer noch die Aufgabe jedes Einzelnen, eine Beziehung aufzubauen – in unserem Fall zum Geld –, die frei von Neurosen, Armutsdenken, Stress und Konkurrenz ist. Der Staat bietet nur die Rahmenbedingungen. Je mehr Menschen das verstehen, desto wahrscheinlicher ist es, dass sich Wirtschaft und Politik an die Bedürfnisse der Bevölkerung anpassen und sich mit neuen Geldsystemen befassen, die fairer sind als die bestehenden.

Was ist denn schließlich ausschlaggebend für das eigene finanzielle Glück? Du! Ganz alleine du selbst. »Drum prüfe, wer sich ewig bindet«, heißt es in der Ehe. Beim Geld müsste es lauten: »Drum prüfe den Grund, wenn es nicht klappt.« Geprüft werden müssen hier die eigenen Einstellungen, Denkweisen, Gefühlszustände, Entscheidungen, die für das finanzielle Leben ausschlaggebend sind. Sie sind es, die unser ganz persönliches Geld- und Erfolgsbewusstsein prägen.

Unsere Beziehung zum Geld bestimmt auch die Zahl, die wir beim Blick auf das Konto vorfinden. Aber nicht nur das.

Sie entscheidet auch über das Wie im Umgang mit unseren Finanzen. *Wie* jemand sein Geld verdient, mit welchen Emotionen und Impulsen er es nährt, sagt durchaus Einiges über die Qualität seines Geldes aus.

Welche Beziehung haben die Menschen bisher mit dem Geld geführt? Keine sehr schöne. Sie nutzen es, um andere damit zu schädigen, zu manipulieren und sich selbst zu bereichern aus Minderwertigkeitsgefühlen und schierer Existenzangst.

Der lydische König, der das Geld erschuf, hätte dazu eine Gebrauchsanleitung mitliefern sollen – einen Beziehungsratgeber. Darin hätte stehen müssen, dass du dein Geld so behandeln sollst, wie du selbst gerne behandelt werden möchtest. »Lehnst du es ab, wirst du ewig Krieg mit ihm führen. Achtest, ehrst und wertschätzt du es, ganz ohne Zwang und Druck oder Abhängigkeit, so wird es sich vermehren.«

Hilfreich wäre auch ein Abschnitt gewesen, in dem es um die reine Essenz des Geldes geht. Wir erinnern uns: *Geld ist ein sinnvolles Tauschmittel.* Für diesen Zweck wurde es ins Leben gerufen. Was genau Menschen gegen Geld eintauschen, bleibt ihrer Kreativität überlassen. Die Möglichkeiten sind grenzenlos. Sie können teure Waren tauschen, schöne Erlebnisse, aber auch verbotene Romanzen oder schuldbeladene Erbschaften. Die Liste ist endlos und die Gefahr groß, dass man etwas Dummes mit Geld anstellt. Das lässt sich allerdings vermeiden, wenn man sich zu einem weisen, intelligenten und bewussten Menschen entwickelt. Dann kann Geld ein Segen sein statt eines Fluchs.

Geld an sich ist als Tauschmittel frei von Emotionen, Normen und Dogmen. Es hat eine eigene Dynamik und Power, auch Energie genannt, aber grundsätzlich sind Münzen und Scheine unschuldig und rein. Der Mensch ist es, der Münzen und Scheine im Laufe der Jahrtausende mit seinen eigenen

Neurosen aufgeladen und so deren wahren Wert verfälscht und ein verzerrtes Bild geschaffen hat. Das hat Konsequenzen, die sich in inneren Blockaden und äußeren Konflikten zeigen. Sie verhindern es, dass man sein eigenes Potenzial voll nutzt – auch das volle finanzielle Potenzial.

Will man sein finanzielles Potenzial voll entfalten, ist es erforderlich, eine gesunde, ausbalancierte, sinnerfüllte, lebendige und fruchtbare Beziehung zu Geld zu entwickeln – ganz ähnlich wie in einer Beziehung zwischen zwei Menschen.

Wer sein finanzielles Potenzial nicht voll lebt, dem wird es auch schwerfallen, sein vollkommenes Potenzial als Mensch zu erlangen. Vollkommenheit schließt Geld nämlich nicht aus. Sie verlangt von uns, alles mit einzubeziehen, auch das Geld. Vollkommenheit beinhaltet alles – sowohl das soziale, berufliche, spirituelle als auch das finanzielle Leben.

Aber jeder Mensch kann lernen, beziehungsfähiger zu werden. Auch im Umgang mit Geld. Der Weg dorthin verläuft über die innere Heilung, persönliches Wachstum und Bewusstseinsveränderung.

Geld ist Energie

Wir alle sind Heiler. Jeder von uns verfügt über Selbstheilungskräfte, die uns ganz natürlich angeboren sind. Wunden verheilen von alleine, sogar Knochen wachsen wieder zusammen, und das Immunsystem steuert die Gesundheit des gesamten Organismus. Der Körper regeneriert und entgiftet sich ständig. Alle paar Monate haben wir eine neue Haut, neue Organe, neues Blut und neue Knochen.

Auch die Psyche strebt nach Gesundheit und Harmonie. Beispielsweise verarbeitet der Geist schwer verdaubare Lebensereignisse im Schlaf oder in den Träumen. Menschen, denen man in Versuchen völlig den Schlaf genommen hat, zeigen bereits nach wenigen Tagen erste Anzeichen von Schizophrenie und anderen Psychosen.

Körper und Geist sind demnach auf Harmonie und Gesundheit ausgerichtet. Warum die Zahl an Erkrankungen trotzdem steigt, ist eigentlich ein Rätsel. Bei all den Heilmechanismen, die in jeder Sekunde ablaufen, um wieder in physische Harmonie zu gelangen, müssten wir eigentlich *immer* gesund und glücklich bleiben.

Laut Weltgesundheitsorganisation (WHO) ist »Gesundheit ein Zustand des vollständigen körperlichen, geistigen und sozialen Wohlergehens und nicht nur das Fehlen von Krankheit oder Gebrechen«. Um Wohlergehen zu erreichen, muss ein Organismus in Balance sein. Wenn der Körper oder die Psyche also erkrankt, liegt die Ursache in der Unfähigkeit, einen Ausgleich zu schaffen. Jetzt sind wir als Heiler gefragt: Wir müssen feinfühlig und liebevoll nachhelfen.

Schauen wir uns einmal um, beobachten wir leider, dass die Zahl der körperlichen und psychischen Erkrankungen stark zunimmt – und zwar unablässig. Depression hat sich zur Volkskrankheit entwickelt. Trotz steigender Lebensqualität nehmen immer mehr Erwachsene und Kinder Psychopharmaka ein. Die gefährlichen Nebenwirkungen werden unwissentlich oder notgedrungen in Kauf genommen. Sie bilden inzwischen einen hohen Prozentsatz bei den Todesursachen, ja gehören zu den häufigsten Gründen.

Krankheit bedeutet, dass die Funktion des Körpers oder Geistes gestört ist. Heilung ist der Prozess, der Körper und Geist wieder in Balance bringt. Heilung geschieht immer dann, wenn etwas ent-stört wird, das heißt, wieder in Fluss gerät. Das muss aber sanft, schonend und liebevoll geschehen.

Was wieder in Fluss gebracht wird, ist die Energie in uns. Seit Jahrtausenden haben sich Hochkulturen damit beschäftigt. In einem gesunden Körper fließt die Lebensenergie frei in einem System bestimmter Bahnen, den Meridianen. Sie sorgen dafür, dass die Energie gleichmäßig zirkuliert. Mit dieser körpereigenen Energie arbeiten alternative Heilmethoden. Deshalb können Akupunktur, Craniosakral, Shiatsu und andere Therapieformen Wunder bewirken. Sie *unterstützen* den natürlichen Energiefluss von Körper und Geist. Im Westen entstanden daraus ganzheitsmedizinische Heilmethoden, die unter dem Namen Holopathie oder Radionik bekannt sind.

Wichtig ist noch zu verstehen, was die Energie dazu bringt, sich zu stauen, was also zu Krankheiten führt. Der Grund ist einfach: Körper und Geist streben nach Harmonie. Ein anderes Wort für Harmonie ist Ausgleich. Und alles strebt nach Ausgleich. Das Klima oder die Natur ist ein lebendiges Ökosystem, das ständig nach Ausgleich strebt. Das betrifft auch den Körper und Geist des Menschen.

Das ist dann auch schon alles: Wenn der Ausgleich – die Harmonie – fehlt, entsteht Krankheit.

Wir arbeiten gegen die Natur: Der menschliche Körper besteht aus Kohlenstoff, Wasser und Sauerstoff, genauso wie jedes andere Lebewesen, jede Pflanze, jedes Stück Erde. Also findet der Mensch seine körperliche Identität in der Natur. Es gibt keine Trennung zwischen Mensch und Natur – *keine*. Dass wir mit der Natur manchmal so schlecht umgehen, ist nur ein Spiegel dessen, dass wir mit uns selbst so schlecht umgehen. Damit schneiden wir uns aber ins eigene Fleisch. Die Natur hingegen zeigt uns, wenn es schlecht um sie steht. Überflutungen, Klimaerwärmung und Seuchen ist ihre Antwort darauf. Der Körper des Menschen zeigt auch, wenn etwas nicht in Balance ist. Nur ignorieren wir es.

Wenn der Körper beispielsweise schlechte Nahrung aufnimmt, gleicht er es durch eine Reaktion wie Durchfall, Erbrechen oder eine allergische Reaktion aus. Dies nennen wir Krankheit. Der Organismus alarmiert uns, damit wir etwas unterlassen oder ändern. Das geschieht etwa bei Erkältungen, Fieber und anderen Beschwerden.

Die Schulmedizin neigt dazu, die Warnhinweise des Körpers zu unterdrücken. Das Mittel dafür sind Medikamente und Operationen. Sie ignoriert die natürliche Reaktion des Körpers. Zwar können wir in Notsituationen, die über Leben oder Tod entscheiden, dankbar dafür sein, dass es die Schulmedizin gibt. Ein guter Chirurg kann Gold wert sein. Doch wenn Warnhinweise und Reaktionen ständig unterdrückt werden, kann keine Heilung geschehen. Die Beschwerden brechen dann trotz Behandlung immer wieder auf oder »verschieben« sich. Es schmerzt dann nicht mehr die Leber, sondern die Niere klopft plötzlich an. Und wenn die ruhiggestellt ist, meldet sich der Darm.

In der Psyche läuft das genauso. Ein »Verschieben« erleben beispielsweise Raucher, die mit dem Rauchen aufhören. Wenn sie die letzte Zigarette notgedrungen ausgedrückt haben, verspüren sie plötzlich eine unerklärliche Lust aufs Essen. Die Tabaksucht wird durch Nikotinpflaster unterdrückt. Heilung ist aber nicht erfolgt, das Symptom wurde lediglich verschoben. Und statt zu heilen und für immer zu verschwinden, wurde aus der Tabaksucht eine Esssucht.

Geist und Seele geben sich mit »Ruhigstellung« eben nur kurzfristig zufrieden. Im Grunde streben sie nach einem vollkommenen Ausgleich und vollkommener Heilung. Geschieht dies nicht, müssen sie sich weiterhin in Form von Reaktionen und Warnhinweisen bemerkbar machen.

Bei Geld ist das nicht anders. Ein neurotisches Verhältnis zu Geld weckt in uns negative Emotionen wie Stress, Sorgen und Ängste. Aber auch alteingesessene Denkweisen, die wir meistens von anderen Menschen übernommen haben, kommen immer wieder in uns hoch.

Das sind alles Warnhinweise der Psyche: Unser Geldthema wurde nicht geheilt, sondern nur unterdrückt.

Wenn wir diese Warnsignale nicht ernst nehmen oder zu kompensieren versuchen, werden die Alarmzeichen immer stärker. Sein Geld kann man beispielsweise in einer einzigen Nacht verspielen. Die Panik darüber führt dann vielleicht dazu, dass wir nicht mehr klar denken können, naiv handeln und falsche Entscheidungen treffen. Wenn es weitergeht, entstehen Süchte und krankhaftes Geldverhalten. Das setzt sich dann auch in der Aura des Menschen fest – in seiner »Ausstrahlung«.

Ein krankhaftes Gelddenken verstärkt die Symptomatik. Mit der Zeit entstehen finanzielle Lebensumstände, die konfliktreich und belastend sind. Sie treiben uns in die Kauf- und Spielsucht, Überschuldung, Existenzminimum oder Armut. Oder wir neigen zu angstmotivierten Handlungen wie Geldwäsche, Manipulation, Missgunst, Konkurrenzkampf oder allgemeinem finanziellen Missbrauch.

Durch Geld verursachte Energieblockaden

Geistige und körperliche Beschwerden kommen immer wieder hoch, bis ihre Ursachen völlig beseitigt sind. Der Körper des Menschen besteht aus Knochen, Organen und dem Gehirn. Darin fließt Blut. Und noch tiefer betrachtet fließt Energie durch Meridiane.

Energie leitet sich vom griechischen Wort *energia* ab und bedeutet »wirkende Kraft« oder »Lebenskraft«. Wenn ein

Energiestau auftritt, bewirkt dies, dass Organe, Muskeln und Gelenke nicht mehr mit Lebenskraft oder Energie versorgt werden können. Auch körperlich erfolgt eine Unterversorgung an Sauerstoff, Blut und Nährstoffen. Erschöpfte klagen dann ganz richtig: »Ich habe keine Energie mehr.«

Folgende Faktoren verursachen einen Energiestau: Umweltgifte, Ernährung, Unfälle und Operationen. Aber auch geistig kann ein Stau einsetzen. Traumata, Stress, Psychosen oder Neurosen verursachen sie im System des Menschen. Daraus entstand übrigens die Wissenschaft der Psychosomatik, die das grundsätzliche und fehlerhafte Zusammenwirken von Körper und Geist zum Gegenstand hat.

Wenn es staut, spricht der Alternativtherapeut von einer Energieblockade. Finanziell kann es aber auch stauen. Dann spricht man von einer Geldblockade. Diese wird genauso von Traumen, Stress, Neurosen, Ängsten oder Psychosen ausgelöst.

Die Hauptenergiezentren des Menschen

Der Körper besteht wie bereits erwähnt nicht nur aus Haut, Knochen und Organen, sondern auch aus Energiezentren. Jedes dieser Zentren ist verantwortlich für die Steuerung der Lebenskraft. Seelische Wunden sind dort genauso gespeichert wie Stress und Neurosen. Sie prägen daher unser Verhalten und Wahrnehmung, auch in Bezug auf Geld und Besitz.

Eine Blockade im Herzzentrum kann beispielsweise einem Menschen schwer machen, großzügig zu sein und mit anderen zu teilen. Sein Motto ist »geiz ist geil«. Doch auf Dauer ist er auch nicht glücklich damit. Denn die Energie im Herzen kann nicht frei fließen. Das Leben fühlt sich klein und verbittert an. Sein Umgang mit dem Geld genauso.

Eine Geldblockade ist nicht gesund

Wenn also jemand Probleme oder Sorgen mit dem Geld hat, hat das zunächst einmal nichts mit seiner Spiritualität, Menschlichkeit, Genügsamkeit oder Fürsorglichkeit zu tun, sondern er ist einfach im energetischen Sinne blockiert. Etwas fließt nicht. Der Geldfluss bleibt aus. Will man dies ändern, ist es wichtig, sich das Symptom, die Blockade oder Krankheit, einzugestehen. Auch bei Geld und Besitz. Erst dann ist Heilung möglich. Und es gibt Einsichten, die Heilung fördern. Unter anderem diese:

Alles, was in uns nicht im Fluss ist, zeigt sich im Außen als Reaktion des Körpers oder Geistes. Wir sind darin blockiert, weise zu denken, zu fühlen, zu entscheiden und zu handeln. Und jede Blockade setzt sich auch in der Aura fest, unserer Ausstrahlung.

Unsere innere Ausstrahlung hingegen kreiert das Leben und alle Ereignisse, die wir erfahren – nach dem Motto: Das, was wir ausstrahlen, das ziehen wir auch an. Und alles, was wir anziehen, ist nur deswegen, weil wir es ausstrahlen.

Es ist daher wichtig, die volle Verantwortung (nicht die Schuld!) für alles zu übernehmen, was einen im Leben emotionalisiert, beeinflusst, blockiert und was einem zustößt. Alle Menschen, Situationen, Krisen und Erfolge haben wir bewusst oder unbewusst durch unsere Ausstrahlung in unser Leben eingeladen, damit wir irgendwann einmal heilen, wachsen, genießen, verändern, vergeben und lieben lernen können.

Der richtige Umgang mit Geld

Jeder Mensch ist hier, um seine ganz persönlichen Erfahrungen zu machen, auch die von Krankheit, Verlust und

Trauer. Das bedeutet nicht, dass wir deswegen als Mensch weniger wert sind. Allein die unbewusste oder bewusste Entscheidung, durch eine Krankheit zu gehen und wieder gesunden zu wollen, macht uns zu ganz besonderen und faszinierenden Lebewesen.

Und das ist bei Geldproblemen oder Blockaden nicht anders. Ein Mensch, der finanziell verschuldet ist, mit Existenzängsten zu kämpfen hat, blind vor Gier und Neid ist, ist nicht weniger wert als jemand, der erfolgreich, vermögend und finanziell im Fluss ist.

Auch ein Mensch mit Schulden verdient es, sich selbst zu lieben und geliebt zu werden. Selbst ein Millionär mit Existenzängsten verdient einen barmherzigen Blick – allein schon dafür, weil er ein Mensch ist und sich entschlossen hat, menschliche Erfahrungen in all ihren Facetten zu machen.

Wenn du beispielsweise einen schlechten Job machst, heißt das noch lange nicht, dass du deswegen ein schlechter Mensch bist. Vielleicht bist du nur ein schlechter Angestellter. Diese Situation gibt dir Gelegenheit, dir neue Dinge und Erkenntnisse anzueignen, die dich auf ein höheres Niveau bringen.

Du kannst besser werden.

Wir können nur dann etwas wieder in Fluss bringen, wenn wir sanft, schonend und liebevoll zu uns selbst sind. Die meisten entscheiden sich aber für Verurteilung, Schuldzuweisung und Herabwürdigung. Ich lade dich ein, Schluss damit zu machen.

Blockaden wieder in Fluss bringen

Die folgenden Seiten helfen dir, zu verstehen, wie Geldblockaden im Energiesystem dein finanzielles und materielles Leben prägen. Sie beeinflussen Körper, Geist und Seele – auch bei dir. Und deshalb geht es jetzt darum, deine inneren Selbstheilungskräfte, den Heiler in dir, ganz einfach und natürlich zu aktivieren. Im Anschluss an die nachstehend genannten Energiesysteme findest du jeweils eine Übung. Sie unterstützt dich darin, den (Geld-)Fluss wieder in Gang zu bringen.

Im Englischen bedeutet Währung *currency* – auch als »Strom« bekannt. Das Wort steht für *in circulation*, was »im Umlauf« oder »im Fluss« bedeutet. Eine deutsche Entsprechung ist das Wort »Liquidität«. Verwenden wir das im Zusammenhang mit Geld, haben unsere Finanzen die gleiche Essenz wie Energie. Energie ist Lebenskraft, und die ist immer im Fluss. Geld ist durch Lebenskraft fließende Energie.

Es ist physikalisch unmöglich, Energie zu stören oder zu vernichten. Energie kann lediglich transformiert werden. Sie ist eine Schwingung, eine Welle. Auch feste Materie ist in ihrem Kern eine Ansammlung vibrierender Moleküle, die alle zusammen schwingen. Das trifft genauso auf Geld zu.

Geld ist Energie und im Grunde genommen eine Ansammlung vibrierender Teilchen. Und da Energie nicht zerstört, sondern nur umgewandelt werden kann, ist sie unerschöpflich. Geld ist somit nicht nur transformierbar, sondern auch unerschöpflich – und das bedeutet, dass jeder Mensch seine Geldthemen transformieren kann.

Je stärker etwas schwingt, desto höher die Vitalität. Ein krankes Organ hat eine niedrigere Schwingung als ein gesundes. Positive Emotionen und Gedanken schwingen höher als negative. Heilung geschieht aber erst dann, wenn die Schwingung erhöht wird. Dann kann die Energie (das Geld) wieder frei und mühelos fließen.

Geldblockaden
im Energiesystem des Menschen

Der Mensch verfügt über sieben Hauptenergiezentren, die auch Chakren genannt werden. Darüber hinaus existieren noch neun Nebenchakren im Körper und zwölf superpersonale Energiezentren außerhalb des Körpers, die sich in der Aura des Menschen befinden.

Jedes Chakra ist mit jedem anderen verbunden. Wesentlich sind hier die Hauptenergiezentren, die eine bedeutsame Auswirkung auf das finanzielle Leben haben.

1. Energiezentrum: Wurzelchakra

Das Wurzelchakra im Körper des Menschen ist verantwortlich für Kraft, Urvertrauen, Stabilität, Männlichkeit (auch bei Frauen), Aggression und Besitz. Es beherbergt die Urinstinkte des Menschen und gewährleistet die Grundversorgung des Energiesystems.

Lage: Steißbein – zwischen After und Genitalien. Farbe: Signalrot. Charakteristika: Standhaftigkeit, Umgang mit Materie, Materialismus, Besitz, männliche Sexualenergie. Drüse: Nebennieren, Milz. Element: Erde. Steine: Achat, Blutjaspis, Granat, rote Koralle, Rubin, Granat. Aromen: Nelke, Rosmarin, Ingwer, Vetiver, Zypresse, Zeder. Mantra: LAM.

Das Wurzelchakra ist zuständig für die festen Bestandteile des Körpers: Knochen, Wirbelsäule, Zähne und Nägel. Es beeinflusst Darm, Prostata, Blut und Zellaufbau. Das Chakra verbindet uns mit der Energie und der Kraft der Erde.

♡ *Geldblockaden im Wurzelchakra*

Sie wirken sich auf die existenziellen Bedürfnisse des Menschen aus. Der Betreffende hat stets zu wenig. Er lebt vom Existenzminimum, ist finanziell oder materiell unterversorgt. Es fehlt ihm an allen Ecken und Kanten. Die Grundversorgung mit Geld sowie Besitz oder Unterkunft ist nicht gewährleistet. Existenzängste und Geldsorgen bestimmen den Alltag. Er fühlt sich auch machtlos, etwas daran zu ändern, da es an Kraft und Entschlossenheit fehlt. Außerdem vernachlässigt dieser Mensch seine eigenen finanziellen und materiellen Bedürfnisse sowie Pflichten.

Sein Gefühl des Mangels kann dabei rein subjektiv sein. Selbst wenn genug Geld und Besitz vorhanden ist, besteht weiterhin die Angst vor Verlust. Es gibt Existenzkrisen. Da es an Urvertrauen, Sicherheit und Stabilität mangelt, handelt der Betroffene aus Not und Furcht heraus. Das zeigt sich dann in krankhafter Feindseligkeit, Konkurrenzdenken oder Überlebenstrieb sowie in ungesundem Erfolgsdrang.

♥ *Geldfluss im Wurzelchakra*

Fließt es im Wurzelchakra, steht der Mensch mit beiden Beinen im Leben – auch finanziell gesehen. Er ist dann fähig, alle seine finanziellen und materiellen Bedürfnisse zu decken, und tut sich im Umgang mit Geld und Besitz sehr leicht. Der Betreffende nutzt die männliche Energie in ihm (auch bei Frauen), um seine finanziellen Ziele selbstsicher zu verwirklichen. Seine Urinstinkte sichern sein materielles Überleben auf eine zwanglose Art und Weise. Er ist grundversorgt in allen Belangen wie Unterkunft, Kleidung und Essen. Seine finanziellen Entscheidungen fällt er treffsicher und selbstbewusst. Sein Geld und seinen Besitz verwaltet er verantwortungsvoll und pflichtbewusst. Er entscheidet in finanzieller Sicht bodenständig und natürlich.

Harmonisiere dein Wurzelchakra

Lege deine Hände auf deine Hüften. Atme drei Mal tief ein und aus. Atme weiterhin in dein Becken hinein und denke oder sprich dabei folgenden Gedanken: »Ich lasse jetzt Heilung in meinem Wurzelchakra geschehen.« Stell dir vor, wie aus deinen Händen heilende Energie in dein Becken hineinströmt. Diese harmonisierende Energie hat eine signalrote Farbe, wie auch dein Wurzelchakra. Siehe nun, wie die signalrote Farbe sich überall im Beckenbereich ausbreitet und alles im Wurzelchakra auflöst, was nicht der Heilung und Harmonie entspringt. Wenn das signalrote Licht alles gereinigt und aufgelöst hat, sieh, wie es sich bis zu deinen Füßen ausbreitet und in Form von Wurzeln in die Erde geht. Dort können restliche Blockaden abfließen.

Bedanke dich mit folgendem Satz: »Mein Wurzelchakra ist jetzt vollständig ausbalanciert und fließt optimal. Danke! Danke! Danke!«

Nähre dein Wurzelchakra auch mit Tanz, Sex, Sport, Natur, Hausmannskost, Gartenarbeit und anderen erdenden Aktivitäten, die deine Aufmerksamkeit in deinen Körper und dein Becken holen.

Du kannst zu den Übungen für jedes Chakra dann noch die empfohlenen Steine und Aromen hinzunehmen.

2. Energiezentrum: Sakralchakra

Das Sakralchakra ist verantwortlich für die Lust, Leidenschaft und das Feuer im Menschen. Es schafft Sinnlichkeit, Genuss sowie Begierde und ist damit das Zündfeuer für jedwede Kreativität und jegliches schöpferisches Handeln. Es beherbergt das weibliche Prinzip des Erschaffens.

Lage: Zwischen Nabel und Schambein. Farbe: Orange. Charakteristika: Lust, Leidenschaft, Sinnlichkeit, weibliche Sexualenergie. Drüse: Eierstöcke, Hoden. Element: Wasser. Steine: Sonnenstein, Citrin. Aromen: Sandelholz, Myrrhe, Bitterorange, Pfeffer, Vanille, Orange. Mantra: VAM.

Das Sakralchakra steuert alle Körpersäfte und beeinflusst hormonell Eierstöcke, Keimdrüsen und Hoden.

♡ Geldblockade im Sakralchakra

Ein Mensch mit einer Blockade im Sakralchakra kann sein Geld und seinen Wohlstand nicht genießen. Es fällt ihm schwer, seine finanziellen Errungenschaften und Erfolge bewusst wahrzunehmen und sich darüber zu freuen.

Da er außerdem ständig am Arbeiten ist, hat er meistens keine Zeit dafür, sein Geld genüsslich auszugeben. Meistens weiß er damit auch gar nichts anzufangen.

Oder er lenkt sich chronisch mit Belanglosem ab. Es fehlt ihm das innere Feuer, das ihm wahrscheinlich dabei helfen würde, sich von finanziellen Blockaden und Begrenzungen zu befreien. Er führt stattdessen ein eintöniges Leben, das seine Kreativität erstickt – selbst in finanzieller Hinsicht. Es fehlt ihm an Ideen und eben jener Kreativität.

Und daraus entwickelt er eine Aggression gegen das Selbst, die oftmals in allerlei sexuelle und gesellschaftliche Süchte ausartet. Nach außen hin mag er sich vielleicht lebensfroh und heiter zeigen, doch ist das nur vorgespielt.

♥ *Geldfluss im Sakralchakra*

Ist das Sakralchakra im Fluss, ist das Leben voller Lust und Genuss. Ein solcher Mensch ist ein Meister des Genießens. Er verdient das Geld mühelos und genussvoll und gibt es auch lustvoll aus. Er ist kein neurotischer Workaholic, denn er nutzt die Pausen und Erholungszeiten für ein Dolce Vita. Dieser Mensch umgibt sich im Leben mit Schönheit und hält sich an ästhetischen Orten auf. Das Geld gibt er für ansehnliche Kleidung und Unterkünfte aus. Er findet stets leichte und einfache Wege, um seinen Wohlstand und finanziellen Fluss interessant einzusetzen. Er sprudelt vor Kreativität und Feuer, was auch seinen beruflichen Erfolg nährt.

Harmonisiere dein Sakralchakra

Lege deine Hände einige Zentimeter unter dem Nabel auf deinen Bauch. Atme drei Mal ein und aus, wobei du immer tiefer atmest. Atme mehrmals in deinen Unterbauch ein und denke oder sprich dabei folgenden Gedanken: »Ich lasse jetzt Heilung in meinem Sakralchakra geschehen.« Stell dir vor, wie aus deinen Händen heilende Energie in deinen Unterbauch hineinströmt. Diese harmonisierende Energie hat ein leuchtendes Orange als Farbe, wie auch dein Sakralchakra. Siehe nun, wie die orange Farbe sich überall im Unterbauch ausbreitet und alles Dunkle im Sakralchakra auflöst, was nicht dem Fluss und der Harmonie entspringt. Wenn das Licht alles gereinigt und gelöst hast, sieh, wie es sich sanft mit dem Licht des Wurzelchakras verbindet und optimal harmoniert.

Bedanke dich mit folgendem Satz: »Mein Sakralchakra ist jetzt vollständig ausbalanciert und fließt optimal. Danke! Danke! Danke!«

Nähre dein Sakralchakra auch mit genussvoller Freizeit, Essen, Pausen, Wellness, Spa, Erholung, Saunen, Carpe Diem, Dolce Vita, Candle Light Dinner, romantischem Sex und dergleichen mehr. Bring deine Aufmerksamkeit immer wieder in deinen Körper und dein Sakralchakra. Lass das orangene Licht dort hell strahlen.

3. Energiezentrum: Solarplexus-Chakra

Im Solarplexus-Chakra sitzt die Persönlichkeit und emotionale Ausdrucksfähigkeit eines Menschen. Auch Machtgefühl und Willenskraft haben dort ihren Platz. Es steht für Tatendrang, Selbstbehauptung und Abgrenzung.

Lage: Unterhalt des Brustbeins. Farbe: Kanariengelb. Charakteristika: Macht, Wille, Emotionen, Selbstbehauptung, Individualismus. Drüse: Bauchspeicheldrüse. Element: Feuer. Steine: Tigerauge, Topas, gelber Turmalin, Citrin. Aromen: Lavendel, Kamille, Zitrone, Anis, Grapefruit, Fenchel. Mantra: RAM.

Vom Solarplexus-Chakra werden Magen, Leber, Milz und Galle, das Verdauungssystem sowie das vegetative Nervensystem mit Energie versorgt.

♡ *Geldblockade im Solarplexus-Chakra*

Menschen mit einer Geldblockade im Solarplexus-Chakra neigen zu finanziellem Machtmissbrauch und Manipulation. Sie sind auf den eigenen Nutzen bedacht, meistens zum Nachteil anderer Menschen. Die finanziellen Geschäfte führt ein solcher Mensch mit patriarchaler Härte. Das verschafft ihm vielleicht ein Übermaß an Wohlstand, aber auf Kosten von Freude, Gesundheit und Freiheit. Bei Einbußen oder Geldknappheit im Leben reagiert er mit Schuldzuweisungen oder explosiven Wutausbrüchen.

Oder es zeigt sich ein anderes Extrem: Diese Menschen erweisen sich in finanziellen Fragen als gehemmt, verantwortungslos und entschlussschwach. Der Ausweg ist meistens, sich von anderen finanziell abhängig zu machen und als Opfer zu sehen. Es fehlt die Kraft, das eigene finanzielle Leben selbstbestimmt in die Hand zu nehmen.

♥ *Geldfluss im Solarplexus-Chakra*

Ein fließendes Solarplexus-Chakra unterstützt den Menschen darin, seine finanziellen Ziele und Wünsche mit Tatendrang und Willenskraft zu verwirklichen. Bei Geld und Erfolg geht er keine Kompromisse ein. Er ist sich seines Weges sicher und verfolgt seine Erfolgsziele selbstbestimmt. Wenn es sein muss, kann er sich durchsetzen und abgrenzen. Ein solcher Mensch hat eine Mission, die er kraftvoll verfolgt. Er strahlt eine natürliche Autorität aus, die ihm auch in finanziellen Dingen Kraft sowie Energie gibt. Er nutzt seine persönliche Macht, um zu *machen*, also zu erschaffen. Er gestaltet seine finanzielle Welt, wie er es sich wünscht. Ein Beispiel sind Selfmade-Millionäre, die stolz auf ihren Weg zurückblicken können. Meistens kann der Betreffende gut mit seinen Emotionen umgehen, und er verlässt sich in Geldfragen auf sein Bauchgefühl.

Harmonisiere dein Solarplexus-Chakra

Lege deine Hände dicht unter dein Brustbein. Atme drei Mal ganz bewusst und langsam ein und aus, wobei du immer tiefer atmest. Atme weiter in deinen Bauch ein und wieder aus und denke oder sprich dabei folgenden Gedanken: »Ich lasse jetzt Heilung in meinem Solarplexus-Chakra geschehen.« Stelle dir nun vor, wie aus deinen Händen heilende Energien in deinen Solarplexus einströmen. Diese harmonisierende Energie hat eine leuchtende kanariengelbe Farbe. Spüre hinein und lass der Farbe Zeit, sämtliche Blockaden aufzulösen. Stell dir dann vor, wie sie alles im Solarplexus reinigt und auflöst, was nicht der Quelle von Heilung und Harmonie entspringt. Wenn das Licht alles gereinigt und gelöst hat, verbinde dein Solarplexus-Chakra mit den anderen beiden unter ihm und lass sie harmonisch zusammenarbeiten.

Bedanke dich mit folgendem Satz: »Mein Solarplexus-Chakra ist jetzt vollständig ausbalanciert und fließt optimal. Danke! Danke! Danke!«

Nähre dein Solarplexus-Chakra mit mutigen Lebensentscheidungen, lebendigen Freizeitaktivitäten, Abenteuerreisen, Entdeckungstouren, Grenzerfahrungen, emotionalem Ausdruckstanz, wilden Festen und Partys.

4. Energiezentrum: Herzchakra

Das Herzchakra ist das Energiezentrum für Liebe und Beziehungen. Es steht für unser Mitgefühl, für Dankbarkeit und Güte. Außerdem ist es verantwortlich für die Herzverbundenheit mit sich selbst, mit allen Lebewesen und der Umwelt.

Lage: In der Brustmitte auf Höhe der Brustwarzen. Farbe: Smaragdgrün. Charakteristika: Liebe, Mitgefühl, Menschlichkeit, Harmonie, Güte. Drüse: Thymusdrüse. Element: Luft. Steine: Aventurin, Malachit, Rosenquarz. Aromen: Rose, Jasmin, Estragon, Kardamom. Mantra: YAM.

Das Herzchakra versorgt Herz und Kreislauf mit Energie. Außerdem beeinflusst es über die Thymusdrüse auch unser Immunsystem.

♡ Geldblockade im Herzchakra

Ist das Herzchakra blockiert, trifft der Mensch finanzielle Entscheidungen verbittert, hart und verschlossen. Er ist dann nicht bereit, mit anderen zu teilen, auch fällt es ihm schwer, von anderen etwas anzunehmen. Die Beziehung zu Geld und Besitz wirkt lieblos, undankbar und distanziert. Seine Finanzgeschäfte geschehen aus purem Egoismus heraus. Gleichzeitig ist ein solcher Mensch aber (liebes-)bedürftig, obwohl er es sich nach außen hin nicht anmerken lässt. Er benutzt sein Geld, um seine Liebesbedürftigkeit mit einem Übermaß an Essen, Sex und Konsum zu kompensieren.

Manche geben sich äußerlich auch scheinbar nett. Im Grunde sind sie aber unauthentisch und unehrlich. Sie haben meistens Angst vor Konfrontationen und davor, ehrlich ihre Meinung zu sagen. Wenn sie Geld verborgen, geschieht es eher widerwillig. Oder sie suchen nach Ausreden, um es zu vermeiden. Geben sie dann doch etwas, ist das mit Erwartungen verbunden. Einigen dieser Menschen fällt es sehr schwer, anderen und sich selbst etwas zu gönnen. Sie sind deshalb oft mit Neid und Missgunst konfrontiert.

♥ *Geldfluss im Herzchakra*

Fließt es im Herzchakra, so ist die Liebe und Güte ebenfalls im Fluss. Dieser Mensch ist großzügig zu sich selbst und anderen. Er verschenkt, spendet und gibt gerne. Gleichzeitig ist er fähig, mit gutem Gewissen und freizügig zu nehmen. Er nimmt daher finanzielle und materielle Geschenke oder Verdienste herzlich und freudvoll an. Sein offenes Herzchakra macht ihn zu einem Herzensmenschen. Auch in finanzieller Hinsicht ist ihm Harmonie stets wichtig. Er lädt gerne Menschen ein und teilt sein Hab und Gut gerne mit anderen. Er gönnt anderen ihren Wohlstand.

Ein solcher Mensch kann sich über die finanziellen und materiellen Erfolge anderer von Herzen freuen, selbst wenn sie mehr besitzen als er. Seine Beziehung zu Geld ist wertschätzend und respektvoll, ohne dabei anhaftend zu sein.

Harmonisiere dein Herzchakra

Lege deine Hände auf deine Brust und atme mehrmals ein und aus, wobei du jedes Mal tiefer atmest. Stell dir dabei vor, wie sich dein Herzchakra öffnet. Wenn es sich öffnet, sind Liebe und Heilung unmittelbar in dir. Wertschätze den Reichtum deines Körpers und alles, was er sonst noch unternimmt, um immer wieder in Harmonie zu gelangen. Denke oder sprich dabei folgenden Gedanken: »Ich öffne nun mein Herzchakra und lasse Liebe und Heilung geschehen.« *(Atmen.)* Sieh, wie durch deine Hände smaragdgrüne Heilenergie in dein Herz fließt. Stell dir vor, wie die Farbe alles reinigt und harmonisiert, was nicht der Quelle von Liebe und Heilung entspringt. Wenn das Licht alles in Fluss gebracht hat, verbinde dein Herzzentrum mit den darunterliegenden Chakren zu einem vollkommenen harmonischen Austausch.

Bedanke dich mit folgendem Satz: »Mein Herzchakra ist jetzt vollständig ausbalanciert und fließt optimal. Danke! Danke! Danke!«

Nähre dein Herzchakra mit Aktivitäten der Selbst- und Nächstenliebe wie Spenden, Einladen, Schenken, Kuschelsex, Flitterwochenreisen, Massagen, körperlicher Berührung, Kontakt zu Tieren und zur Natur.

5. Energiezentrum: Halschakra

Im Halschakra sitzen die Kommunikation und die sprachliche sowie kreative Ausdrucksfähigkeit des Menschen. Dieses Energiezentrum steht für Selbstoffenbarung, Kontaktfreude und Authentizität.

Lage: Hals auf Höhe des Kehlkopfes. **Farbe:** Königsblau. **Charakteristika:** Ausdruck, Offenbarung, Expressivität, Authentizität, Kommunikation. **Drüse:** Schilddrüse. **Element:** Äther. **Steine:** Aquamarin, Chalcedon. **Aromen:** Eukalyptus, Kampfer, Pfefferminze, römische Kamille, Manuka. **Mantra:** HAM.

Das Halschakra versorgt die Schilddrüse mit Energie, steuert Hunger und Durst. Auch Ohren, Hals-, Nacken- und Kieferbereich, Bronchien und obere Lungen, Speiseröhre und Stimmbänder werden durch seine Energie beeinflusst.

♡ Geldblockade im Halschakra

Blockaden im Halschakra machen es dem Menschen schwer, offen und ehrlich über Geld zu sprechen. Geld wird damit zum Tabuthema, es wird am liebsten versteckt, ausgeklammert oder verschleiert. Bei Geld und Finanzen legt er Verklemmtheit, Starrheit, Abwehr oder Widerstand an den Tag. Das kann in Lügen oder Verleumden ausarten. Dahinter verbergen sich große Ängste davor, dass sich Geld und Besitz *gegen* ihn richten oder andere Menschen aggressiv auf ihn reagieren könnten. Es ist sogar möglich, dass er gegen kapitalistische Systeme und Einstellungen hetzt.

Ein solcher Mensch neigt zu finanziellen und materiellen Straftaten, die er bei sich selbst jedoch leugnet. Oder er sieht sich als Opfer von Gesellschaft, Politik, Wirtschaft und elitärer Mächte. Das liegt auch daran, dass es an persönlicher Ausdruckfähigkeit mangelt und somit finanzielle Ziele und Wünsche nicht realisiert werden können.

♥ Geldfluss im Halschakra

Wenn es im Halschakra fließt, kann sich der Mensch mit seinem Geld und Besitz freizügig zeigen. Er kann offen präsentieren und aussprechen, was er hat (oder nicht hat), ohne dass dieses Verhalten als Selbstinszenierung oder Gehabe ankommt. Vielmehr drückt er sich mit Geld und Besitz dann ganz natürlich und selbstverständlich aus. Auch fällt es ihm grundsätzlich leicht, über finanzielle Angelegenheiten zu sprechen. Der Austausch darüber verläuft ehrlich, direkt und authentisch. Der Betreffende kann ungezwungen und völlig ungehemmt über Zahlen, Preise, Investitionen, eigene und fremde Honorare, Profite und Verluste kommunizieren. Er wirkt in Geldangelegenheiten aufrichtig und klar. Ein solcher Mensch *macht* Geld auf spielerische, kreative Art und Weise – eben durch seine gesunde Ausdrucksfähigkeit, die er im Beruf und in allen anderen finanziellen Lebensbereichen an den Tag legt. Er hat eine Nase für die richtigen Geschäfte zur richtigen Zeit am richtigen Ort.

Harmonisiere dein Halschakra

Lege deine Hände sanft auf oder um deinen Hals herum. Atme mehrmals hörbar ein und aus. Ab dem dritten Atemzug kannst du ruhig auch lauter stöhnen und dann leiser werden. Sprich folgenden Gedanken deutlich aus: »Ich öffne mein Halschakra und lasse Harmonie und Heilung geschehen.« Sieh nun, wie sich durch deine Hände ein leuchtendes Königsblau in und um deinen Hals herum ausbreitet. Es reinigt, harmonisiert und klärt alle Energien, die nicht der Liebe und Heilung entspringen. Atme dabei mehrmals tief ein und aus. Lass dein Halschakra sich jetzt mit allen anderen Chakren harmonisch verbinden.

Bedanke dich mit folgendem Satz: »Mein Halschakra ist jetzt vollständig ausbalanciert und fließt optimal. Danke! Danke! Danke!«

Nähre dein Halschakra mit kreativen und spielerischen Künsten wie Ausdruckstanz, Gesang, Malen, Improvisa-

> tionstheater oder Sprech- und Stimmtraining, aber auch mit Auftritten in der Öffentlichkeit, Lachen, Schreien, einfach mit jeder Art von Kommunikation.

6. Energiezentrum: Drittes Auge

Das Dritte Auge ist zuständig für geistige Klarheit, Aufmerksamkeit und Konzentration sowie Imaginationsfähigkeit. Dort ist der Sitz deines Fokus, mentaler Schöpfungskraft, analytischem Denkvermögen und des Intellekts.

Lage: Über der Nasenwurzel zwischen den Augenbrauen. Farbe: Indigoblau. Charakteristika: Fokus, Klarheit, Imagination, Intellekt, Wahrnehmung. Drüse: Hirnanhangsdrüse (Hypophyse). Element: Geist. Steine & Metalle: Sodalith, Amethyst, Saphir, Bergkristall, Fluorit. Aromen: Jasmin, Minze, Zitronengras, Veilchen, Weihrauch, Basilikum. Mantra: KSHAM.

Das Stirnchakra versorgt den Hormonhaushalt im Körper und das zentrale Nervensystem mit Energie.

♡ Geldblockade im Dritten Auge

Ist das Dritte Auge blockiert, wirkt der Betreffende zerstreut und verwirrt – auch finanziell. Er mag zwar viel und fleißig arbeiten, aber das Geld scheint nicht seiner Kontrolle und Macht zu unterliegen. Ein solcher Mensch lässt sich leicht ablenken. Es fehlt ihm der nötige Fokus, um finanzielle und materielle Ziele umzusetzen. Er ist mit seinem Geist überall – und daher nirgends. Kann er sich fokussieren und konzentrieren, dann nutzt er diese Fähigkeit für die bewusste Manipulation anderer

Menschen, auch in finanzieller Hinsicht. Seine gefestigte Persönlichkeit wirkt auf andere vertrauenswürdig und überzeugend. Seine Fantasie lässt ihn glaubwürdig Geschichten erfinden, selbst wenn sie nicht der Wahrheit entsprechen.

Es ist schwer zu erkennen, was ein solcher Mensch wirklich im Schilde führt. Er nutzt einen finanziell und materiell aus, ohne dass er sich dabei etwas anmerken lässt. Dieses Verhalten kann bewusst oder auch unbewusst geschehen.

♥ *Geldfluss im Dritten Auge*

Fließt es im Dritten Auge, lassen sich finanzielle und materielle Bedürfnisse zielsicher umsetzen. Der Geist ist stets aufmerksam, präsent und auf die wichtigen Ziele im Leben ausgerichtet. Ein solcher Mensch nutzt seine Imaginationskraft, um bedeutende Visionen zu entwickeln und umzusetzen. Er kann seine zahlreichen Ideen und Eingebungen gut kanalisieren – sein Geist hilft ihm, diese zu bündeln und in die Tat umzusetzen. Ein solcher Mensch kann sein Geld und Vermögen zielbewusst mit klarem Fokus und geistiger Wachheit einsetzen, verwalten, steuern und vermehren. Sein innovativer Geist ist kreativ und flexibel und unterstützt ihn darin, sich für bekannte und unbekannte Einkommensquellen zu öffnen und diese zu erschließen.

Harmonisiere dein Drittes Auge

Lege Zeige- und Mittelfinger beider Hände auf dein Drittes Auge. Atme mehrmals tief ein und aus und warte, bis du vollkommen aufmerksam und präsent bist. Bitte nun deine innere Führung oder Intuition, dein Drittes Auge zu öffnen. Stelle dir vor, wie aus deinen Fingern eine indigoblaue Farbe fließt und sich in und um deinen Kopf herum ausbreitet. Atme mehrmals und jeweils tiefer ein und aus. Sprich folgenden Gedanken: »Ich lasse jetzt Heilung und Harmonie in meinem Dritten Auge geschehen.« Lass das Licht alles reinigen und wegtragen, was nicht der Quelle der Liebe, Weisheit und Harmonie entspringt. Atme dabei mehrmals tief ein und aus und warte, bis das Licht im Dritten Auge voll und ganz erstrahlt.

Beende die Energiemeditation mit den Worten: »Danke, dass mein Drittes Auge geheilt und ausbalanciert ist. Danke! Danke! Danke! « Lass dein Halschakra sich mit den darunterliegenden Chakren verbinden.

Nähre dein Drittes Auge mit neuen Ideen, kreativen Eingebungen, Meditation, Konzentrationsübungen, Autogenem Training, Koordinationstraining, Leistungssport, Intelligenzspielen, Rätselraten und dergleichen mehr.

7. *Energiezentrum: Kronenchakra*

Das Kronenchakra steht für die persönliche Mission und den eigenen Beitrag auf der Erde. Es ist verantwortlich für die Verbundenheit mit allem und repräsentiert die Ganzheit. Spiritualität, Glaube und Inspiration haben ihren Sitz im Kronenchakra.

Lage: Kopfspitze am höchsten Scheitelpunkt. Farbe: Violett, Weiß & Gold. Charakteristika: Verbundenheit, Spiritualität, Inspiration, Mission, Ganzheit. Drüse: Zirbeldrüse. Element: –. Steine: Sugilit, Purpurit, Bergkristall, Diamant. Aromen: Weihrauch, Rosenholz, Neroli. Mantra: OM.

Das Kronenchakra steuert die geistige und körperliche Entwicklung. Die Energie ihm vom Universum zu.

♡ Geldblockade im Kronenchakra

Eine Blockade im Kronenchakra kann Anzeichen von Größenwahn hervorrufen. Dieser Mensch setzt die Macht des Geldes für die Unterdrückung anderer ein. Das kann die eigene Familie, Freunde, Kollegen, Mitarbeiter oder ganze Bevölkerungsgruppen betreffen. Sein Vermögen nutzt er, um mehr Dramen und Schatten in sein Leben zu bringen.

Oder diesem Menschen fehlt der Sinn im Leben. Ihm ist nicht klar, welche Mission er auf der Erde hat. Mit Geld geht er daher unbewusst und verschwenderisch um, meistens zu eigenem oder fremdem Schaden. Auch wenn er reichlich Geld und Vermögen besitzt, weiß er meistens nicht, was er sinnvoll damit anstellen soll.

Auch kann seine Beziehung zu Geld mit (religiösen) Dogmen belastet sein. Auf Geld reagiert er daher mit bewusster oder unbewusster Abweisung. Finanziell zeigt er sich voller Zweifel. Solche Menschen wirken sensibel und introvertiert, auch weil sie ihre Emotionen gerne verschleiern.

♥ Geldfluss im Kronenchakra

Der Mensch mit einem fließenden Kronenchakra schätzt die lichten Seiten des Geldes. Er nutzt es bewusst, um mehr Licht und Liebe auf die Erde zu bringen. Dabei ist ihm das Wohl anderer Menschen, Tiere, Pflanzen und der Natur ein besonderes Anliegen. Er konsumiert sehr bewusst und achtet auf nachhaltige und ökologische Produkte. Solche Personen interessieren sich für alternative und ethische Anlageformen. Sie sind stark von einer höheren Mission getrieben und nutzen die Macht des Geldes für deren Umsetzung. Sie leben ihre Berufung und möchten mit Geld einen positiven Beitrag zum Ganzen leisten. Es sind bewusste und achtsame Menschen, die Selbstverantwortung leben und nach tiefen Erkenntnissen streben. Sie entscheiden selbstbestimmt, welche Art von Erfolg und Reichtum sie persönlich vorziehen.

Harmonisiere dein Kronenchakra

Lege deine Hände auf deinen Kopf und atme mehrmals bewusst ein und aus. Lass nun langsam dein Kronenchakra aufgehen und breite die Hände dabei aus. Stell dir vor, dass das Kronenchakra sich wie eine Lotusblüte öffnet, die voller weiß-goldenem Licht ist. Stell dir vor, dass Energien vom Universum auf dich einströmen und diesen Prozess unterstützen. Weiß-goldenes Licht fällt wie ein Regen auf dich und dringt tief in dein Kronenchakra ein. Dabei wird das Chakra gereinigt und harmonisiert. Denke den folgenden Gedanken: »Alles, was nicht der Quelle der Heilung und Liebe entspringt, wird jetzt gereinigt und harmonisiert.« Spüre, wie dieses Licht alles wieder in Balance bringt. Atme dabei mehrmals ein und aus.

Nähre dein Kronenchakra mit Meditation, Gebeten, Mantren, dem Besuch von Kraftorten, Tempeln, Ashrams, spirituellen Praktiken, Sinnfindung, Einweihungen, Ritualen und vielem anderen mehr.

Den Schatten des Geldes transformieren

Besonders jene Menschen, die sich gerne mit mystischen, spirituellen oder religiösen Praktiken befassen, tun sich mit Geld sehr schwer. Alte religiöse Interpretationen haben immerhin das Geld zum Teufel erklärt:

»Die Geldliebe ist eine Wurzel von schädlichen Dingen aller Arten, und indem einige dieser Liebe nachstrebten …, haben sie [sich] selbst mit vielen Schmerzen überall durchbohrt.« (1. Timotheus 6:10)

Religionsprediger haben vieles getan, um den Menschen ihre persönliche Macht zu entziehen. Und da Geld eine Quelle der Macht ist, haben sie es mit Abscheu genährt: »Hängt euer Herz nicht ans Geld und begnügt euch mit dem, was ihr habt.« (Hebräer 13:5)

Sie haben den Menschen davor gewarnt, was passieren könnte, wenn sie den dunklen Seiten des Geldes verfallen: »Wer unbedingt reich werden will, wird sich in einem Netz von Versuchung verfangen und allen möglichen unsinnigen und schädlichen Wünschen erliegen.« (1. Timotheus 6:9, NeÜ).

In den Medien werden genau jene Menschen gezeigt, die solchen Versuchungen verfallen sind. Sie setzen Geld für die krankhafte Befriedigung eigener Bedürfnisse ein und schaden damit auch noch anderen.

Ist es dann die Lösung allen Übels, sich von Geld abzuwenden? Natürlich nicht, denn Beziehungen können ebenso süchtig machen und auch das Internet kann schädlich sein. Dennoch würde diesbezüglich niemand auf die Idee kommen zu sagen, dass der Kontakt zu Menschen und Elektronik teuflisch sei.

Die Lösung liegt ganz woanders: Wir müssen lernen, zu weiseren, achtsameren und bewussteren Menschen heranzuwachen. Dann erst sind wir tief mit uns selbst und unseren Werten verwurzelt. Wir sind dann nicht mehr manipulierbar, ablenkbar, verführbar oder in irgendeiner Weise zu schwächen.

Diesen Zustand erreichst du dadurch, dass du deine positiven und lichten Seiten bewusst stärkst, aber auch deine dunklen und verdrängten Schattenseiten liebevoll und *heilsam* ins Bewusstsein holst. Du kannst nur dann anfällig für missbräuchliche Handlungen werden, die Geld oder andere Menschen in dir auslösen, wenn du dich nicht *heilsam* mit deinen eigenen inneren dunklen Seiten auseinandersetzt.

Heile deine eigenen dunklen Seiten

Jeder Mensch hat lichtvolle und dunkle Seiten in sich. Diese Erfahrung will auch jeder Mensch machen. Die dunklen Seiten sind wichtig, damit wir unterscheiden können, was sich gut anfühlt und was nicht. Ohne Angst wüssten wir nicht, wie es ist, sich gelassen und sicher zu fühlen. Du kannst Angst nur dann transformieren, wenn du sie liebevoll umarmst und ihr Gelegenheit gibst, sich in Licht zu verwandeln.

- Als Ursprungswesen bist du Licht und Liebe. Als Mensch bist du aber ebenso Licht wie Schatten.
- Akzeptiere deine Schattenseiten in dir wie deine Lichtseiten. Ihre Existenz ist Teil der Schöpfung.
- Ein anderes Wort für Akzeptanz ist Liebe. Nur Liebe hilft dir, deine dunklen Seiten bewusst zu machen.
- Nimm dir vor, all deine Schattenseiten ab jetzt gänzlich anzunehmen und zu ihnen zu stehen.
- Heile deine dunklen Seiten mit Mitgefühl und Liebe zu dir selbst und dadurch, dass du dir Vergebung entgegenbringst.

- Finde auch eine Möglichkeit, deine Schattenseiten bewusst auszudrücken. Beispiele dafür können sein: Theater, Schauspiel, (schwarzer) Humor, Sarkasmus, Therapie oder ein entsprechendes Coaching.

Mache dir den Schatten des Geldes bewusst

Für dich war Geld bisher vielleicht deswegen schmutzig, weil es deine dunklen Seiten in dir gespiegelt hat. Und da sie dir nicht bewusst geworden sind, hast du sie auf das Geld projiziert. Statt deine dunklen Seiten zu akzeptieren und heilsam zu umarmen, hast du begonnen, sie – und damit auch das Geld – abzulehnen oder es für missbräuchliche Zwecke einzusetzen.

Wenn du aber *ganz* werden willst, musst du lernen, deinen Schatten als etwas völlig Natürliches anzunehmen. Erst dann kann er sich verwandeln und dominiert dein Verhalten nicht mehr. So gewinnst du auch an Kraft, denn du gibst deine Macht nicht mehr an das Verdrängte ab. Alles, was verdrängt ist, macht uns unbewusst und zehrt an unserer Kraft. Wir entscheiden dann nicht aus der Weisheit heraus, sondern aufgrund von Angst, Unsicherheit und Mangel.

Um dein volles Potenzial zu erlangen und ein bewusster Mensch zu werden, der bewusst mit Geld umgeht, musst du einfach lernen, alles, was du bist, mit Akzeptanz und Liebe zu betrachten. Auch deine Schattenseiten.

Im Ursprung ist Geld ein reines energetisches Tauschmittel. Der Mensch hat es aber zu Licht und Schatten gemacht, weil er seine eigenen dunklen Seiten verdrängt hat. Mach dir deine eigenen dunklen Seiten bewusst, indem du dem Geld, das du mit dunklen Emotionen besetzt hast, hilfst, wieder zu strahlen.

♥ *Folgendes kann dir dabei behilflich sein:*

1. Akzeptiere, dass Geld mit dunklen Emotionen und Gedanken von Menschen genährt wurde.
2. Blicke auf dein eigenes Geld und versuche zu erkennen, ob es da noch dunkle Stellen gibt.
3. Wenn ja, dann akzeptiere diese dunkle Stellen und bejahe sie. Mit denen hast *du* dein Geld besetzt.
4. Akzeptiere und bejahe alle Gefühle und Empfindungen, die dabei aufkommen mögen.
5. Siehe nun, wie sich dein Herzchakra öffnet und daraus heilendes Licht nach außen strömt.
6. Siehe, wie dein Licht aus dem Herzen diese dunklen Stellen deines Geldes immer mehr ausleuchtet.
7. Mache das solange, bis dein Geld völlig frei von verdrängtem Schatten ist und seinen Platz im Licht bekommt.

♥ *Ich lade dich ein, einen Schritt weiter zu gehen und der Energie des Geldes als Ganzes zu helfen, wieder mehr zu strahlen:*

8. Stelle dir alles Geld vor, das in diesem Moment auf der Erde im Umlauf ist.
9. Schau dir an, mit welchen dunklen Schattengefühlen, Gedanken es von den Menschen besetzt ist.
10. Sprich daraufhin folgenden Gedanken: »Aller Schatten und jegliche Dunkelheit, mit denen die Menschen das Geld besetzt haben, werden jetzt im Licht der Liebe bewusst.«
11. Stelle dir dann vor, wie durch dein Herzchakra dein Licht ausströmt und alles Geld dieser Welt erleuchtet und heilt.

Beende es mit den Worten: »Jegliches Geld dieser Welt ist jetzt Ausdruck von Licht und Liebe. Danke.«

Du kannst Menschen nicht dazu zwingen, friedvoller zu werden. Du kannst aber die Verantwortung für deinen eigenen Schatten übernehmen und ihn *bewusst* machen. Damit machst du auch den Schatten *bewusst*, mit dem du das Geld besetzt hast. Wenn du diese Übung machst, kannst du wieder Licht in dein Geld bringen und auch in jenes, das auf der ganzen Welt im Umlauf ist.

Die kommenden Seiten werden dich dabei unterstützen, jene Schattenaspekte deiner Gedanken und Gefühlen, die sich im Geld manifestiert haben, immer mehr *bewusst* zu machen. Mit diesem neuen Geldbewusstsein bringst du Geld und Erfolg zum Strahlen.

*Schau dich einmal um in der Welt:
Warum fühlen sich die meisten nicht reich?
Woran liegt es, dass dem Menschen die
Schätze, Fülle und Reichtümer nicht bewusst
sind, von denen er umgeben ist?
Und was ist der Grund, dass viele den
Eindruck haben, es gäbe nicht genug für sie,
nicht genug für andere und sie müssten sich
daher mit dem Wenigen abfinden?
Woher kommt diese Wahnidee?*

TEIL 3

Deine geistigen Werkzeuge – Erschaffe ultimativen Reichtum auf allen Ebenen

*Gönnst du anderen ihren Reichtum,
verbindest du dich mehr mit der Energie
des Wohlstands, als wenn du ihnen
ihr Glück missgönnt hättest.
Umgibst du dich möglichst häufig mit diesen
Menschen, wirst du Wohlstand, Reichtum
und Fülle noch schneller und leichter
anziehen – aus dir heraus.*

Einleitung

Jeder Mensch ist von unermesslichem Reichtum und grenzenloser Fülle umgeben. Auf der Erde wachsen geschätzt drei Billionen Bäume. Die Wassermenge kommt etwa auf unfassbare 1,4 Trilliarden Liter. Es gibt so viel Süßwasser auf der Erde, dass jeder Mensch unbegrenzt damit versorgt werden kann. Laut den Vereinten Nationen könnte die globale Landwirtschaft beim heutigen Stand der Technik rund 12 Milliarden Menschen satt ernähren – aktuell leben rund 8 Milliarden Menschen.

Der gigantische Reichtum vollzieht sich auch im Universum: Wir sind von 200 Milliarden Galaxien umgeben und 10 Trilliarden Sternen, das sind 22 Nullen hinter der 1. Auch wenn diese Fülle für unser Hirn unfassbar ist, darf sich jeder Mensch eines klar machen: *Reichtum ist immer und überall existent.*

Auch das Innenleben des Menschen ist voller Reichtümer und Schätze. Das Gehirn besteht aus 20 Milliarden Neuronen, und in jeder Sekunde werden im Körper rund 50 Millionen Zellen erneuert. Jeden Tag denkt ein Mensch durchschnittlich 60.000 Gedanken und macht im Schnitt 20.000 Atemzüge. Man kann also sagen, dass jeder reich auf die Welt kommt. Und dass Reichtum schon bei der Geburt mitgegeben wird.

Warum fühlen sich dann aber die meisten nicht reich? Woran liegt es, dass dem Menschen die Schätze, Fülle und Reichtümer nicht bewusst sind, von denen er umgeben ist? Und was ist der Grund, dass viele den Eindruck haben, es gäbe nicht genug für sie, nicht genug für andere und sie müssten sich daher mit dem Wenigen abfinden? Woher kommt diese Wahnidee, wir sollten bereits glücklich und zufrieden mit dem sein, was wir haben und ja nicht mehr verlangen dürfen?

Ich behaupte, wir haben unser Bewusstsein darauf trainiert, den Reichtum in uns und um uns herum nicht bewusst wahrzunehmen. Stattdessen halten wir nur nach Mangel Ausschau. Auch finanziell gesehen. Weltweit existiert eine Geldmenge von rund 200 Billionen Dollar. Durch die Technologien und das Internet war es nie so leicht, an Geld zu kommen. *Geld ist immer und überall existent.* Was wir aber sehen ist, dass es an allen Ecken und Enden mangelt oder eines Tages bergab gehen könnte. Wir konzentrieren unsere ganze Aufmerksamkeit auf das, was fehlt – statt auf all das, was da ist.

Dieses Armutstraining, das jeder Mensch schon in jungen Jahren absolviert hat, macht einen auch im Denken und im Fühlen arm. Dieses Bewusstsein macht einen finanziell, materiell und spirituell arm. Das hat Folgen. Ängste kommen hoch, die Konkurrenzdenken, Territorialverteidigung und aggressives Verhalten schüren. Es ist ein Krieg, den Länder untereinander führen, genauso wie zwei Kollegen am Arbeitsplatz. Und das alles deswegen, weil wir *glauben*, es sei nicht genug für alle da.

Eine im Jahr 2015 durchgeführte Studie in Frankreich zeigt auf, dass bereits 63 Prozent der Kinder Angst davor haben, eines Tages arm zu enden. Sie denken auch, dass es schwer sei, eine Arbeit zu finden. Und 87 Prozent der Eltern befürchten, dass ihre Kinder ärmer sein könnten als sie selbst. Dieses Armutsdenken wird von einer Generation zur nächsten überliefert. Wir lernen, dass es *normal* ist, in Armut und im Mangel zu denken, und sehr bald sind wir davon überzeugt und geben diesen Denkfehler weiter.

Bist du auch davon betroffen? Fühlst du dich arm an Liebe, Reichtum, Erfolg, Fürsorge, Gesundheit oder Vitalität und denkst, dass für dich und andere zu wenig davon vorhanden ist? Fragst du dich, ob es dir zusteht, aus dem Rad des Mangels auszusteigen und einen neuen Weg zu gehen? Willst du wissen, wie du diesen Kreislauf der Armut verlassen kannst und wieder zu Reichtum gelangst?

Ich bin davon überzeugt, dass ultimativer Reichtum ein Geburtsrecht jedes Menschen ist, somit jedem zusteht und auch für jeden erreichbar ist. Ultimativer Reichtum geht weit über finanzielle Wünsche hinaus. Er trägt zu einem Leben bei, in dem jeder Mensch seine vollen Potenziale entfalten kann. Bei ultimativem Reichtum erinnert sich der Mensch an die wahren Kräfte, die in ihm schlummern und angeboren sind. Das hat nichts mit der dualen Seite der Armut zu tun. Ultimativer Reichtum verlässt die Dualität von arm und reich, weil es sich hier um ein göttliches und menschliches Recht *zugleich* handelt.

Ultimativer Reichtum bedeutet daher, reich an Geld zu sein, aber auch an Vermögen, Wohlstand, Freiheit, Liebe, Ideen und Leidenschaft. Dieser Reichtum beREICHert das eigene Leben immens. Er stellt alles REICHlich zur Verfügung, was man braucht, um sich bestmöglich zu entwickeln und zu wachsen. Es ist ausREICHend an Eingebungen, Kreativität, Kraft und Vitalität verfügbar. Alles, was man für sein Wohl braucht, wird einem geREICHt, um das Leben und seine eigenen Potenziale voll und ganz auszukosten. Die menschliche Evolution *muss* zu diesem Bewusstsein führen. Alles andere ist nur eine Etappe in der Entwicklung.

Ultimativer Reichtum auf allen Ebenen deines Lebens

Finanzieller Reichtum

Finanzieller Reichtum bedeutet, reichlich Geld zur Verfügung zu haben. Geld ist immer und überall ausreichend vorhanden. Wie viel davon genug ist, kann jeder für sich selbst entscheiden. Die Menge an Geld, die du im Leben benötigst, hängt von mehreren Faktoren ab:

- Region/Abstammung: Ein Mensch in der Ersten Welt benötigt grundsätzlich mehr Geld als derjenige in einem Entwicklungsland. Die Wohnungs- und Grundstückpreise sowie Lebenserhaltungskosten sind abhängig vom Land und der jeweiligen Region.
- Persönlichkeit/Wünsche: Jede Persönlichkeit hat unterschiedliche materielle und finanzielle Wünsche. Es gibt Menschen, die sich ein exklusives Ambiente wünschen, andere geben sich mit einer kleinen Behausung im Grünen zufrieden. Das Gleiche gilt für das Auto, die Möbel und Freizeithobbys. Wünsche sind facettenreich und gelten nicht pauschal für alle Menschen gleichermaßen.
- Körper/Bedürfnis: Jeder Körper hat unterschiedliche Bedürfnisse hinsichtlich Nahrung, Pflege und Versorgung. Beispielsweise kosten im Westen rein biologische und hochwertige Lebensmittel mehr als schädliches Junk-Food von der Straße. Es kommen noch jene Rücklagen hinzu, die man für die eigene Absicherung benötigt. Auch hier gibt es grundlegend verschiedene Bedürfnisse.
- Geist/Stimulation: Der Geist benötigt Nahrung in Form geistiger Stimulation. Die holt er sich mithilfe von Ausbildungen, Büchern, Universitäten, Fortbildungen, Reisen

und sonstigen Erfahrungen, die seinen Horizont erweitert. Manches Wissen lässt sich nur in teuren Privatuniversitäten erwerben, anderes erhält man kostenlos oder sehr günstig. Der Mensch muss nicht nur körperlich wachsen, sondern auch geistig.
- Seele/Mission: Die Mission eines Menschen ist seine Bestimmung in diesem Leben. Die meisten verspüren einen solchen höheren Lebenszweck und wollen ihn als Auftrag erfüllen. Dieser kann im beruflichen und privaten Bereich liegen. Jede Mission erfordert ein anderes Budget. Die Fragen wie »Warum bin ich hier? Was ist mein Beitrag zum Ganzen? Welcher Lebenssinn treibt mich natürlich an?« können einen helfen, sich über die eigene Seelenmission klar zu werden.

Verschaffe dir Klarheit darüber, welchen Beitrag das Geld zu deinen Bedürfnissen, Wünschen, geistigen Stimulationen und deiner Mission im Leben eigentlich leisten kann. Finanziell reich bist du dann, wenn du reichlich Geld hast, das dir zur Erfüllung deiner wahren Träume, Bedürfnisse und Sehnsüchte zur Verfügung steht.

Materieller Reichtum

Materieller Reichtum ist der materielle Wohlstand, in dem ein Mensch lebt. Dieser Wohlstand umfasst alle körperlichen Gegenstände wie Unterkünfte, Möbel, Autos, Kleidung und vieles mehr, was du frei durch Miete, Eigentum oder Überlassung nutzen kannst. Materieller Reichtum lässt sich mit Eigen- oder Fremdkapital realisieren, aber auch durch Schenkungen, Erbschaften, Spenden, Sachleistungen, Funde, Gewinnspiele, Förderungen, Unterstützungs- oder andere Anspruchsleistungen, die sich rechtlich oder wirtschaftlich ergeben. Je freier du materielle Gegenstände nutzen oder sie besitzen kannst, desto materiell reicher bist du.

Beruflicher Reichtum

Je leidenschaftlicher, freudvoller und inspirierter dein Berufsleben ist, desto reicher bist du im Job. Übst du einen Beruf aus, bei dem du Geld verdienst, dann tragen Gehalt, Honorar, Umsatz oder Gewinn zu deinem finanziellen Reichtum bei. Als beruflich reicher Mensch hast du einen Arbeitsplatz, an dem du all deine Fähigkeiten, Gaben, Potenziale und Talente bestmöglich zum Ausdruck bringen kannst. Du sprühst dabei vor Kreativität, Antrieb, Passion und Tatendrang. Du fühlst dich beruflich beschenkt und gesegnet. Du erlebst deinen Beruf als Berufung. Du fühlst dich berufen, einen wichtigen Beitrag zum Ganzen zu leisten und eines Tages etwas Besonderes zu hinterlassen.

Sozialer Reichtum

Dein sozialer Reichtum zeigt sich in bereichernden Beziehungen zu Menschen, der Natur, den Pflanzen und Tieren. Je verbundener du dich mit ihnen fühlst und je erfüllender der Austausch mit diesen Wesen ist, desto größer ist dein sozialer Reichtum. All diese Menschen und Wesen tragen zu deinem sozialen Reichtum bei, sie fördern und unterstützen dich in deinem Wachstum. Es gibt Menschen, mit denen du karmische Schulden offen hast und die dich in deinem Glück vorerst blockieren. Auch sie leisten einen Beitrag zu deinem sozialen Reichtum. Sie kommen mit Lektionen auf dich zu, die Blockaden zwischen euch beseitigen sollen. Und das geht nur, wenn du das Verhalten anderer dir gegenüber als Spiegel deines Selbst siehst.

Körperlicher Reichtum

Körperlich reich ist jener Mensch, der vor Gesundheit, Harmonie, Vitalität und Lebenskraft sprüht. Ein solcher Körper fühlt sich geliebt und gibt Liebe oder ermöglicht es jedenfalls, Liebe zu geben. Er kann sich sexuell und motorisch frei ausdrücken. Lässt du einen solchen Reichtum zu, pflegst du deinen Körper, versorgst ihn und hüllst ihn mit Liebe ein. Du nährst ihn mit vitalreicher Kost, die ihn stärkt und ihm Energie verleiht. Dein reicher Körper hält sich in einer Umgebung auf, die ihn in seinem Wachstum und seiner Gesundheit bestmöglich fördert. Er ist möglichst frei von Umweltverschmutzung, Giften, Pestiziden, Medikamenten und anderen schädlichen Substanzen.

Geistiger Reichtum

All deine Einstellungen, Glaubenssätze, Emotionen, Talente, Fähigkeiten, Potenziale, Gaben, Inspirationen, Eingebungen und Träume tragen zu deinem geistigen Reichtum bei. Sie sorgen dafür, dass du dich bestmöglich entfaltest und wächst. Je klarer und intensiver du spüren, wahrnehmen, dich ausdrücken und etwas verarbeiten kannst, desto reicher ist dein Geist. Er bekommt seine Nahrung durch neue Erfahrungen, Erlebnisse und Begegnungen. Du erschaffst dir geistigen Reichtum, indem du deine besonderen Fähigkeiten entdeckst und voll und ganz zum Ausdruck bringst. Du fühlst dich gesegnet von inspirierenden Gedanken, die dein Leben bereichern. Auch negative Emotionen und Situationen tragen zum Reichtum bei, aber nur dann, wenn du sie ins Positive transformieren kannst und die Lernerfahrung dahinter verstanden hast.

Spiritueller Reichtum

Spiritueller Reichtum ist die Fähigkeit, sich mit höheren Intelligenzen zu verbinden und auszutauschen. Höhere Intelligenzen kommunizieren über deine Intuition, dein Bauchgefühl, durch Träume, Symbole und jähe Geistesblitze. Du machst dabei mediale und mystische Erfahrungen, die dich mit deinen spirituellen Wurzeln verbinden. Du bist dann in der Lage, der Stimme deiner Seele zu lauschen und auf deine innere Führung zu hören. Du verbindest dich mit geistigen und spirituellen Kräften, die dich mit tiefgreifenden Erkenntnissen über dich selbst und das Leben nähren. Du empfindest dich als Schöpfer deiner Wirklichkeit und erschaffst dein Leben in Einklang mit deiner höheren Bestimmung. Dieses Leben macht dich spirituell reicher und erfüllter.

♥ * * * ♥

Geld kann ein Tauschmittel sein, aber auch zu einem Mittel werden, das uns ein Leben in vollkommener Entfaltung ermöglicht. Geld hat das Potenzial, unsere größten Träume und Wünsche zu unterstützen. Geld ist ein machtvolles Hilfsmittel, mit dem jeder Mensch sich persönliche und gemeinschaftliche Bedürfnisse erfüllen kann. Dazu ist es notwendig, eine ultimative *Reichtums-Persönlichkeit* zu kultivieren.

Geld hat die Fähigkeit, dich einerseits mit materiellen Reichtümern zu verbinden, aber auch mit geistigen oder spirituellen. Wenn du beispielsweise dein Geld dafür verwendest, deine spirituellen Fähigkeiten zu entfalten, die du in Reisen, Büchern oder Ausbildungen erwirbst, dann verbindet es dich mit der materiellen und spirituellen Existenz (der Intelligenz zwischen Materie und Geist). Geld kann dir auch dazu verhelfen, deinen Körper gesund und vital zu erhalten, geistig zu stimulieren und dich beruflich, sozial sowie materiell bewusster zu entfalten. Daher: *Liebe das Geld, fordere Reichtum ein und verabschiede dich vom Armutsdenken.*

Frieden mit der Armut schließen

Bevor du deinen ultimativen Reichtum zu erschaffen lernst, musst du erst lernen, Akzeptanz und Segen mit der bisherigen Armut in dir und in deinem Leben zu schließen. Aus irgendeinem Grund hast du dich entschieden, den Mangel im Leben durch deine Denkweise, Einstellung und Ausstrahlung selbst zu erschaffen. Und das ist vollkommen in Ordnung. Du erschaffst nur das, was für deinen Bewusstseins- und Entwicklungsgrad gerade bestmöglich ist. Also machst du in jedem Moment stets aus allem das Beste! Daraus folgen Lernschritte, wie in der Schule. Sie bringen dich dazu, dein Bewusstsein erweitern zu wollen und dich weiterzuentwickeln. Und dann bist du auch fähig, aus dem Mangel hinauszuwachsen und etwas Neues zu kreieren.

Diesen Prozess kann man sehr gut bei Menschen beobachten, welche die Transformation von bettelarm zu steinreich geschafft haben. Ihre Armut trieb sie dazu, neue Eindrücke und Einsichten zu gewinnen, die neue Denkweisen und Handlungen hervorriefen. Neue Eingebungen und Inspirationen kommen aber erst dann, wenn du deine Antennen auf neue Energien ausrichtest. Du kannst erst dann auf einen neuen Kanal umschalten, wenn du nicht mehr mit der Vergangenheit Krieg führst. Du musst also zunächst erkennen, wofür all das gut war, und das Alte segnen. Anschließend bist du bereit für das Neue in deinem Leben – *den Reichtum*.

Alles, was du in deinem Leben erfahren hast, hast du selbst angezogen. Jeder Mensch ist Schöpfer seiner Wirklichkeit. Du auch. Jeden Mangel, den du in deinem Leben erlebt hast, hast du dir bewusst oder unbewusst kreiert. Warum? Anscheinend wolltest du erfahren und erkennen, wie es ist, zu wenig zu haben. Zu wenig an Liebe, Geld, Kraft, Sicherheit, Macht, Schönheit und Harmonie. Diese Erfahrung ist für viele Menschen *wertvoll*, weil sie anschließend lernen können, sich ihrer inneren Kraft bewusst zu werden und sich von Begrenzungen zu befreien. Du wirst Liebe, Geld, Kraft und alles, was dir zuströmt, dadurch noch mehr genießen!

Aber jetzt denkst du dir vielleicht, dass du doch *nicht bewusst* Mangel, Neid, Ärger, Sorgen, Blockaden und Gier erschaffen hast. Du hast dich schließlich nie *bewusst* dafür entschieden, mit solchen negativen Emotionen und Einstellungen durchs Leben zu gehen. Du hast dir sicherlich kein Leben in Armut erhofft.

Doch, hast du! Irgendwann hast du beschlossen zu erleben, wie es ist, voller Gier, Sorgen und Ärger zu sein, damit du daraus lernen kannst.

••

Als Mensch möchtest du alle möglichen Erfahrungen machen, auch die unangenehmen. Als spirituelles Wesen bist du Liebe und Harmonie auf der Suche nach neuen Grenzerfahrungen auf der Erde.

••

Du bist ein machtvolles Lebewesen. Du hast die Macht, dir all das zu schaffen, was du willst, aber auch all das, wovor du Angst hast. Nutze diese Macht, um dein Leben *bewusst* in die Hand zu nehmen, denn das Gegenteil dieser Handlungsweise ist Ohnmacht. In diesem Zustand der Ohnmacht glaubst du, dass andere Menschen über dich und dein Leben bestimmen. Du bist dann nicht frei. Doch Freiheit ist das höchste Gut eines Menschen. Auch die Freiheit, *ultimativ reich* zu sein!

Wenn du weiterhin Machtlosigkeit in deinem Leben willst, behalte sie. Auch sie ist eine wichtige Erfahrung in deinem Leben. Du fühlst dich dann fremdbestimmt, ausgeliefert und schuldbeladen. Du glaubst dann, dass deine Lebensumstände absolut nichts mit dir zu tun haben. Es ist dann so, als hinge ein Schleier vor deinen Augen, der dich blind macht. Du gibst dann die Verantwortung für dein Leben, deine Träume und Ziele, für deine Erfolge und Misserfolge komplett in die Hände anderer. Du bist dann ein *Opfer*.

Auch diese Erfahrung ist wichtig. Vielleicht ist es für dich wichtig zu erkennen, wie es ist, unfrei und machtlos zu leben. Ohne dieses Wissen würdest du wahrscheinlich nie das Bedürfnis verspüren, irgendwann einmal dein Leben selbstbestimmt in die Hand zu nehmen. Und auf diesem Weg lernst du auch viel Neues, wächst und experimentierst. Das ist eine wundervolle Abenteuerreise für dich.

Aber es gibt eine Alternative, die deiner inneren Größe entspricht: Mach dich auf einen anderen Weg, einen besseren, und entscheide dich, deine Macht über dein Leben in ultimativem Reichtum wieder zu dir zu holen. Doch Vorsicht! Dann gibt es keine Schuldzuweisung mehr, keine Kompromisse, keine Ausreden, kein Mitleid, keine Opfer und keine Täter. Es gibt dann nur noch dich und deine Selbstbestimmung!

Bist du bereit, dein Leben wieder in die Hand zu nehmen? Es gibt Werkzeuge, mit denen du dein eigenes Leben selbst steuern kannst. Diese Werkzeuge beeinflussen deine Entscheidungen und Absichten im Leben. Jede Intention ist wichtig. Denn sie macht deinen Werkzeugkoffer auf. Und erinnere dich: Du bist ein Alchemist. Du kannst transformieren. Und zwar in erster Linie mit deiner Absicht.

Die Schritte zum ultimativen Reichtum

Deine Reise zum ultimativen Reichtum ist oft nicht direkt. Viele entscheiden sich für einige Zwischenstationen, die so aussehen können:

♡ *a) Ablehnung*

Du lehnst alles ab, was dich finanziell, materiell und geistig reich machen würde. Du gibst dich mit dem Wenigsten zufrieden, gehst viele Kompromisse ein und lebst einfach so vor dich hin. Du reagierst auf andere Menschen, die ihre Träume und Sehnsüchte verwirklichen oder gar reich sind, mit Ablehnung. Und das scheint für dich auch völlig in Ordnung zu sein. Du glaubst nicht mehr, Geld und Reichtum zu wollen, und meinst, mit wenig glücklich sein zu können. Doch irgendwann erkennst du, dass du so nicht leben willst, dich von Einschränkungen befreien kannst und ein Anrecht auf Reichtum hast.

♡ *b) Unmöglichkeit*

In dieser Phase wünschst du dir sehr ein Leben in finanzieller, materieller und geistiger Erfüllung, glaubst aber, dass das ein Ding der Unmöglichkeit ist. Du denkst, dieses Leben ist nur für jene Menschen bestimmt, die bereits berühmt, erfolgreich, besonders intelligent oder in reiche Familien geboren sind. Du sagst dir: »Ultimativer Reichtum ja, aber für mich ausgeschlossen!« Du bist davon überzeugt, dass du nichts erben wirst, in deinem Job nur wenig Geld verdienen kannst, in einem Dorf oder Land lebst, in dem es unmöglich ist, etwas zu erreichen. Doch irgendwann hast du genug von diesen Ausreden. Dein Bewusstsein wächst, und du entdeckst, dass vielleicht doch mehr möglich ist.

♡ c) Zugeständnis

In dieser Phase hast du das Gefühl, dass du einiges an Macht und Kraft hast, um deine finanziellen, materiellen oder geistigen Wünsche zu verwirklichen. Aber es fällt dir noch schwer, es dir einzugestehen. Du denkst wahrscheinlich, es wäre zu oberflächlich, selbstzentriert, egoistisch, deine Träume zu leben. Du glaubst, damit anderen etwas wegzunehmen. Du hast den Eindruck, dass dir all das nicht zusteht und du es auch nicht einfordern darfst. Andere bestärken dich darin: der Partner, die Kinder, die Eltern oder die Familie, die »wirklich« Armen. Sie bewundern dich auch noch dafür, wie sehr du dich aufopferst und deine eigenen Bedürfnisse hinten anstellst. Die Gesellschaft liebt Opfer. Aber irgendwann kannst du nicht mehr. Du fühlst dich müde vom ständigen Geben, vor allem wenn deine Seele dir sagt, dass du nicht dein Leben lebst. Du erkennst, dass deine persönliche Erfüllung Vorrang hat und du für andere mehr bewirken kannst, wenn du ein Vorbild bist statt eines Märtyrers, der die Last anderer Menschen trägt. Und dafür musst du dein eigenes Glück VOR-leben.

♡ d) Einforderung

In dieser Phase gehst du kompromisslos deinen eigenen Glücksweg, auf dem du deine Träume, Ziele und Sehnsüchte

Stück für Stück verwirklichst. Dir ist die Meinung anderer nach wie vor wichtig, aber du lässt dich von den Erwartungen deiner Mitmenschen jetzt kaum noch irritieren. Denn du weißt ganz genau, *wohin* du gehen willst, *was* deine Bestimmung ist und *dass* ultimativer Reichtum dein Geburtsrecht ist. In dieser Phase entfaltest du die Liebe zu dir selbst und öffnest dich für deine eigenen Bedürfnisse und Sehnsüchte. Außerdem bist du stets am Erfahren und Lernen: Du verspürst ein Anrecht auf deine Fähigkeiten und verschaffst dir alles an Wissen, das du benötigst, um deinen ultimativen Reichtum zu verwirklichen.

Die Werkzeuge, mit denen du ultimativen Reichtum in dein Leben holst

Dem Menschen wurden bestimmte Werkzeuge mitgegeben, mit denen er seine Wirklichkeit bewusst gestalten kann. Sie formen die persönliche Realität und erschaffen die Lebensereignisse sowie -erfahrungen, die der Mensch sich wünscht. Diese Werkzeuge nutzt du jeden Tag bewusst oder unbewusst, um dein Leben zu gestalten. Du entscheidest in jedem Augenblick, ob du Fülle oder Mangel, Liebe oder Angst, Schuld oder Freiheit kreierst.

Diese Werkzeuge sind sehr machtvoll. Dank ihnen hast du dir ein Leben geschaffen, das unerwünscht ist. Nutzt du sie fortan, kannst du dir genauso leicht ein Leben in Fülle und Reichtum kreieren. Doch die wenigsten nutzen sie bewusst im Alltag. Vielleicht ändert sich das, wenn du dir klar machst:

Dein Leben *jetzt* ist das Ergebnis dessen, was du *bisher* gefühlt, gedacht, gesprochen, getan, verkörpert hast und was du gewesen bist. Das sind deine Werkzeuge. Sie erzeugen auch all deine Erfahrungen, die du *bisher* in deinem Leben gemacht hast, sowie die Situationen, die in dein Leben gekommen sind. Du hast diese Werkzeuge bisher *unbewusst* wirken lassen. Ändere das nun und nutze BEWUSST.

In deinem Werkzeugkoffer steckt also drin: dein Fühlen, Denken, Sprechen, Tun, Verkörpern und Sein. Sie gestalten dein Leben und jedes Ereignis.

Möchtest du etwas Bestimmtes in deinem Leben erfahren, so musst du all dein Fühlen, Denken, Sprechen, Tun, Verkörpern und Sein auf die neue Bestimmung ausrichten.

Zunächst einmal musst du dir immer über deine Absicht, deine Intention klar werden. Wenn du etwas verwirklichen willst, mach dir die Intention deines Zieles oder deines Wunsches bewusst. Und werde dir dann der Werkzeuge bewusst, mit denen du dir dein Ziel »zusammenbaust«:

♥ *1. Du erschaffst mit deinen GEFÜHLEN*

Gefühle sind dein Kraftstoff. Je bewusster du deine Gefühle auf einen Wunsch ausrichtest, desto schneller und dynamischer bewegst du dich zum Ziel. Gefühle helfen dir, deine Träume in dir zu spüren, statt sie nur außerhalb von dir zu sehen. Du spürst die Veränderung in dir, die du dir ersehnst. Das Gefühl ist ein Zündstoff, der deine Wünsche, Sehnsüchte und Träume verwirklicht. Es ist daher wesentlich, wieder tief fühlen zu können und dich deinen Emotionen zu öffnen. Auch all jenen, die sich nicht gut anfühlen. Denen begegnest du dann heilsam und liebevoll. Dies sind die Emotionen, die deine heilende Liebe brauchen. Fühle daher stets, wie es ist, wenn du deinen ultimativen Reichtum bereits lebst.

♥ 2. Du erschaffst mit deinen GEDANKEN

Gedanken sind dein Navigator. Je bewusster du deine Gedanken auf etwas ausrichtest, desto zielgerichteter kommst du an. Gedanken führen dich zu all deinen Erfahrungen und Erlebnissen im Leben. Hilfreich ist dabei, deine Gedanken bewusst zu beobachten. Selektiere anschließend jene aus, die dich begrenzen oder blockieren. Verstärke gleichzeitig jene, die dich in eine positive Grundstimmung versetzen. Sie lassen dich wachsen und erblühen. Mach dir daher klar, welchen Gedanken du dich widmen willst und wovon du dich lösen solltest. Richte deine Gedanken stets auf jene Dinge, die deinen ultimativen Reichtum stärken.

♥ 3. Du erschaffst mit deinen WÖRTERN

Deine Wörter sind Befehle. Je bewusster du deine Worte sprichst, desto klarer ist auch die Anweisung an dich und das Leben, wohin es gehen soll. Wörter sind Nachrichten, die du sowohl an dein Unterbewusstsein als auch an dein Bewusstsein richtest. Sie können Gefühle und Gedanken intensivieren und dich mit deinen Zielen verbinden. Achte daher bei jedem Wort, das du aussprichst, darauf, ob es dein Wachstum nährt oder deinen Reichtum blockiert. Wenn du machtlos über Armut sprichst, dann bleibst du in deiner Ohnmacht. Sprich also inspiriert und begeistert über deine Transformation in Reichtum, Liebe und Harmonie.

♥ 4. Du erschaffst mit deinen TATEN

Deine Taten sind dein Motor. Je bewusster du etwas tust, desto zielsicherer sind auch die Schritte zum gewünschten

Ziel. Deine Handlungen sind die Räder, die dich leicht zum Ziel fahren. Nur Tun ist aber zu wenig. Du musst all deine Werkzeuge optimal miteinander kombinieren, damit dein Tun effizient und fruchtbar wird. Andernfalls bist du nur beschäftigt und ausgelastet, bringst jedoch nichts Wesentliches voran. Das heißt: Tue nicht nur maschinell, sondern fühle auch, was du tust, achte dabei auf deine Gedanken und kommentiere es mit aufbauenden Wörtern. Frage dich bei jedem Schritt, den du gehst, ob es die Straße des ultimativen Reichtums ist. Wenn ja, beschreite sie, wenn nicht, halte inne und mache woanders einen neuen Schritt.

♥ 5. Du erschaffst mit deinem KÖRPER

Dein Körper ist das Fahrzeug, das dich durchs Leben führt. Dein Körper drückt alles aus, was du denkst, fühlst, sprichst und tun willst. Wenn du etwas in deinem Leben anpeilst, das besser, schöner, größer, gewaltiger und aufblühender ist, dann musst du deinen Körper darauf vorbereiten. Nähre ihn mit Vitalität, füttere ihn mit Energie, Schlaf, gesundem Essen und anderen Kraftstoffen. Gib ihm Licht, Wärme, Pflege, Liebe und guten Sex. Vermeide alles, was ihn vergiftet, krank und klein macht. Dein Körper ist ein Ausdrucksorgan – und durch ihn drückt sich auch der ultimative Reichtum in deinem Leben aus.

♥ 6. Du erschaffst mit deinem SEIN

Dein Sein ist dein innerster Kern, dein wahres Ich, dein göttliches Selbst. Im Sein ist deine wahre Bestimmung verankert, dort befinden sich deine höchsten Potenziale und Talente und größten Seelenwünsche. Im Sein angekommen, suchst du nicht mehr nach Erfolg oder Reichtum, sondern hast tiefstes Vertrauen, dass alles in dir ist. Im Sein *bist* du Reichtum, Erfolg, Harmonie, Liebe und Gesundheit. Dein Sein ist ein Ort, der mit himmlischen Kräften eins ist. Du erfährst im Sein, dass jegliche Liebe, aller Erfolg und Reichtum bereits *da* sind.

Verbinde dich mit dem ultimativen Reichtums-Baum

Nutze die Gelegenheit, dich mit deinem ultimativen Reichtum zu verbinden. Wenn du bereit bist, kannst du nun diesen Prozess in dir initiieren. Dein ultimativer Reichtum kann sich finanziell, materiell, geistig und spirituell zeigen. Wichtig ist, dass er seinen rechtmäßigen Platz in deinem Körper erhält. Nämlich im Herzen. Dort ist er vor Gefahren der Manipulationen und Missbrauch geschützt. Du kannst dann davon ausgehen, dass du deinen ultimativen Reichtum sowohl zu deinem Wohl als auch zum Besten des Ganzen einsetzt.

- Stell dir den ultimativen Reichtum (die Fülle) als Symbol oder Energieball vor. Schau nach, wie dieser Energieball aussieht, welche Farbe er hat, die Größe und Form, die Leuchtkraft. Vielleicht kannst du ihn zusätzlich hören, spüren oder sogar riechen? Achte auch darauf, wo er sich derzeit befindet. Ist er außerhalb deines Körpers, oder befindet er sich im Körper? Wo genau in deinem Körper?
- Bitte nun den Energieball des Reichtums in deinem

Körper Platz zu nehmen – nämlich im Herzen. Du kannst den Energieball mit deiner Atmung in die Brust lenken. Atme daher mehrmals in die Brust ein und aus. Atme den Energieball solange ein, bis er im Herzen angekommen ist und sich vollständig eingeklickt hat. Du kannst auch mit deinen Händen nachhelfen. Schließe die Augen, stelle dir den Energieball vor, nimm ihn in deine Hände und leite ihn langsam zu deinem Herzen. Fühle, wie deine Energie sich sofort verändert, sobald diese Energie des inneren und äußeren Reichtums in deinen Körper eindringt.

- Lade den Energieball mit offenem Herzen ein, dass er ganz zu dir kommt. Falls nur ein Teil ankommen will, dann erlaube diesem Anteil, zu dir zu kommen. Gib ihm die Zeit, die er braucht. Er wird den Weg in dein Herz finden. Solltest du Zweifel haben, fahre fort in der Gewissheit, dass er in den kommenden Tagen voll und ganz in deinem Herzen angekommen sein wird.
- Siehe, wie er aus deinem Herzen heraus strahlt, wie sich seine Energie von ultimativer Fülle und Reichtum voll und ganz in deinem Körper ausbreitet. Unterstütze die Ausdehnung mit deiner Atmung. Beim Einatmen lässt du ihn heller und heller strahlen, beim Ausatmen lässt du sein Strahlen weiter und weiter in deinen Körper eindringen. Lass die Leuchtkraft des Energieballs sich ausbreiten.
- Das Licht deines Energieballs erreicht deine Zehenspitzen und schlägt goldene Wurzeln in die Erde, die sich tief und breit ausdehnen. Lass die Wurzeln bis tief in die Erde sinken, bis zum Zentrum der Erde. Dort befin-

det sich ein glanzvoller Diamant. Lass deine Wurzeln diesen Diamanten umgeben und verbinde dich so mit seiner Energie. Damit verbindest du deinen ultimativen Reichtum mit der Kraft und Fülle der Erde.

- Lass dein Strahlen jetzt bis in deinen Kopf aufsteigen. Dort entwickeln sich die Äste deines Fülle-Baums mit seinen goldenen Blättern und Blumen. Sieh, wie seine Äste in alle Himmelsrichtungen wachsen und über seine Blätter die kosmische Energie einsaugen.
- Sieh und spüre nun, wie durch die Äste und Wurzeln Reichtumsenergie hin und her fließt. Dein Körper ist der Stamm dieses Fülle-Baums. In dir sammelt sich die ganze Fülle und Reichtumsenergie. Dein Herz, das alles steuert, dient als Kommandozentrale. Es hilft dir auch, diese Energien zu fühlen. Fühle das Kribbeln in deinem Körper, fühle die Wärme, die entsteht. Es ist die Energie des Geldes, des Erfolgs und des Reichtums, der Liebe, Kraft und des Vertrauens. Das alles steht dir zu. Du nimmst es dankend an.
- Lass nun diese Energie auch in deine Aura fließen. Strahle Reichtum und Fülle an. So wirst du vermehrt Situationen anziehen, die dir Reichtum und Fülle bringen.

Nähre jetzt deinen Reichtums-Baum täglich mit positiver Energie. Lass nur noch Gedanken zu, die deinen ultimativen Reichtum wachsen lassen. Vermeide gleichzeitig jene Gedanken, die das Wachstum behindern. Lass die Gefühle zu, die dir Leichtigkeit und Freude bereiten, und verabschiede dich von Gefühlen wie Einschränkung, Leid und Ohnmacht. Gehe achtsam mit deinen Gedanken und Gefühlen um. Steuere sie bewusst. Frage dich bei jedem Gedanken und jedem Gefühl, ob sie das Wachstum deines Reichseins fördern oder behindern.

Auf den nächsten Seiten werden dir bedeutsame Kerngedanken begegnen, die deinen ultimativen Reichtum vor allem in finanzieller Hinsicht stärken und festigen. Du hast alle Macht in der Hand, um dir ein sorgenfreies Leben in finanzieller Fülle zu erschaffen. Du hast alle Macht in der Hand, um dein Geld mit Leichtigkeit und Sorgenfreiheit in dein Leben zu lassen. Nutze diese Macht in dir.

Beseitige schädliche Geld-Glaubensmuster!

Geld trägt tief in sich das Bedürfnis nach Wachstum und Bewegung. Es will fließen und sich vermehren. Auch jeder Mensch will das für sich. Sein Körper zeigt durch sein Zellwachstum, dass alles Dynamik ist. Die Seele des Menschen kann sich ausdehnen, indem sie Erfahrungen sammelt. Wenn wir dagegen halten, durch alte Begrenzungen und einschränkende Gedanken, muss die Seele stärker einwirken. Eine Folge davon sind Lebenskrisen.

Untersuchungen haben gezeigt: Wenn wir liebevoll und zuversichtlich mit einer Pflanze sprechen, dann gedeiht und entwickelt sie sich prächtig. Ganz anders aber wachsen jene Pflanzen, denen wir keine Aufmerksamkeit geben, die wir missachten oder gar beschimpfen. Die halten nicht lange und sterben. Da Geld ein lebendiger Organismus ist – schließlich können wir eine Beziehung zu Geld eingehen –, haben wir auch einen Einfluss auf dessen Wachstum. Und so müssen wir, genau wie bei jedem anderen Lebewesen, sehr darauf Acht geben, mit welchen Wörtern, Gedanken und Emotionen wir es nähren.

Es gibt gewisse Aussagen zum Geld, die man immer wieder hört und auch selbst ausspricht und denkt. Sie haben sich so in unserer Sprache eingebürgert, dass wir es schwer haben zu erkennen, welche tatsächliche Botschaft dahinter schlummert. Meistens sagen und denken wir sie sogar völlig unbewusst. Doch ab heute erkennst du diese Aussagen und wirfst sie am besten über Bord. Denn alles, was du sagst und denkst, wird sich in deinem Leben ausdrücken.

♥ *Geld-Glaubensmuster:*
   DAS IST ZU TEUER!
Bedeutung: Ich bin unfähig, diesen Preis zu bezahlen oder das Geld dafür aufzubringen. Ich vertraue nicht auf mich und meine Fähigkeiten, das Geld dafür aufzutreiben.
Erklärung: Etwas als zu teuer zu bezeichnen, signalisiert Unfähigkeit und Machtlosigkeit sich selbst gegenüber. Etwas anderes ist es, den Wert einer Sache in Frage zu stellen. Das kann klug und weise sein.
Alternative: Mir ist es das nicht wert, daher zahle ich nicht dafür. **Oder:** Ich akzeptiere und erkenne, dass ich jetzt machtlos und unfähig bin. Ich nehme mir vor, alles kaufen zu können, was mir das Kaufen wert ist. **Oder:** Dieser Preis ist vollkommen gerechtfertigt. Ich werde das Geld dafür schon irgendwie auftreiben und kreieren.

♥ *Geld-Glaubensmuster:*
   GELD IST MIR NICHT WICHTIG!
Bedeutung: Geld hat für mich einen geringeren Wert. Es ist für mich nichts wert. Ich verachte es. Ich brauche es nicht. Es ist mir unwichtig.
Erklärung: Dem Geld seine Wichtigkeit abzusprechen, wirkt sich auf deine Finanzen aus. Etwas als wertlos zu bezeich-

nen, erzeugt in dir Gefühle von Ablehnung und Widerstand. Du schiebst das Geld von dir weg. Alles, was du nicht annehmen willst, wird auch nicht zu dir fließen wollen.

Alternative: Ich achte und ehre Geld für das, was es ist – ein Tauschmittel für Sachen, Energien, Träume, Wünsche und Bedürfnisse. Ich vergleiche es nicht mehr mit anderen Dingen. Ich ehre das Geld, indem ich es mit positiven Emotionen und Gedanken besetze. Geld ist mir wichtig, und es darf mir auch wichtig sein.

♥ *Geld-Glaubensmuster:*
   ICH BRAUCHE NICHT SO VIEL GELD!

Bedeutung: Ich schneide mich vom Geldfluss ab und entscheide mich, nicht mein volles finanzielles Potenzial zu leben. Ich entscheide mich gegen ultimativen Reichtum.

Erklärung: Du schneidest dich von jenen Einkommensquellen ab, die vielleicht erschlossen werden wollen. Sie hätten dich in deinem ultimativen Geldreichtum unterstützt. Du strahlst aus, nur mit dem Minimum »über«-leben zu wollen, statt die Fülle anzunehmen, die dir zusteht.

Alternative: Ich lasse die volle Lebensfülle in mein Leben fließen, so auch die Geldfülle. Ich werde alles daran setzen, um meine Finanzen weise und wertschätzend zu behandeln. Ich lade das volle Geldpotenzial zu mir ein und nutze es für meine vollkommene Verwirklichung. Ich gönne mir das, was ich wirklich will.

♥ *Geld-Glaubensmuster:*
   ÜBER GELD SPRICHT MAN NICHT!

Bedeutung: Etwas stimmt mit Geld nicht, es ist ein Tabu, schmutzig und abstoßend. So sehr, dass es nicht einmal wert ist, darüber zu reden.

Erklärung: Diese Redewendung kann dir einen Hinweis darauf geben, dass Geld für dich nicht positiv besetzt ist. Die Blockade drückt sich im Halschakra aus (siehe Teil 2 des Buches). Es zeigt, dass du dich mit Geld unwohl fühlst. Warum soll es dann zu dir fließen?

Alternative: Ich spreche über Geld frei und offen. Ich kann Zahlen und Ziffern ohne Probleme aussprechen. Ich lasse Geld und Emotionen heilsam sprechen.

♥ *Geld-Glaubensmuster:*
GELD ALLEIN MACHT NICHT GLÜCKLICH!

Bedeutung: Ich habe falsche Erwartungen und Ansprüche an das Geld, die es nicht erfüllen kann. Geld ist daher herabzuwürdigen.

Erklärung: Hier wird Geld dafür verurteilt, dass es deine Erwartungshaltung nicht erfüllen kann. Du wertest es ab, weil es falsche Erwartungen nicht erfüllt. Du erkennst das volle Potenzial des Geldes nicht.

Alternative: Geld allein macht glücklich oder auch nicht. Es liegt in meiner Verantwortung, wie ich mit dem Geld umgehe. Ich kann mir damit ein glückliches Leben erschaffen oder auch das Gegenteil. Es liegt nur an mir.

♥ *Geld-Glaubensmuster:*
ICH MACHE DAS NICHT FÜRS GELD!

Bedeutung: Geld ist nichts für mich wert. Ich halte nicht viel vom Geld. Ich werte Geld ab und werte damit auch die andere Sache ab, für die ich kein Geld nehme.

Erklärung: Gerade bei Jobs und Tätigkeiten, die uns sehr am Herzen liegen, signalisieren wir anderen, dass uns Geld für die Arbeit nicht wichtig ist. Leider wertet das die Arbeit im Ganzen ab, und damit auch uns.

Alternative: Ich achte und ehre das Geld für das, was es ist. Ich bin dankbar dafür, dass ich mit Geld in Frieden und Harmonie leben darf. Ich nehme es offen und großherzig an. Geld ist ein Tauschmittel.

♥ *Geld-Glaubensmuster:*
ZEIT IST GELD!

Bedeutung: Zeit ist mein Feind geworden, und ich mache mein Geld davon abhängig. Ich habe die Macht und Kontrolle verloren, denn Geld spielt nicht mehr nach meinen Regeln, sondern nach denen der Zeit.

Erklärung: In einer schnelllebigen Gesellschaft wird einem suggeriert, dass die Zeit gegen uns arbeitet und wir ihr machtlos ausgeliefert sind. Wir verfallen ins Tun, statt uns Pausen zu gönnen, in denen wir empfangen können, unter anderem auch Geld und Erfolg.

Alternative: Ich schließe Frieden mit der Zeit und erkenne, dass Geld allein meiner Aufmerksamkeit und Energie folgt. Auch in Pausen ziehe ich Geldenergie an.

♥ *Geld-Glaubensmuster:*
GELD FÄLLT NICHT VOM HIMMEL!

Bedeutung: Ich entscheide mich dafür, Geld nur mit harter Arbeit und Anstrengung in mein Leben kommen zu lassen. Ich akzeptiere keine neuen Geldquellen und verschließe meine Augen.

Erklärung: Denkweisen wie »Von nichts kommt nichts« oder »No pain no gain« halten uns darin fest, Geld und Reichtum nur mit Mühe und Freudlosigkeit zu realisieren. Oft stoßen wir dadurch Geld ab, das leicht und gerne zu uns oder aus uns kommen würde.

Alternative: Von jetzt an sind all meine Geldgeschäfte leicht, locker und freudvoll. Ich öffne meine Augen für jegliche bekannten und unbekannten Geldquellen, die zu und aus mir fließen wollen.

♥ *Geld-Glaubensmuster:*
   ICH SPARE FÜR SCHLECHTE ZEITEN!

Bedeutung: Geld ist für schlechte Zeiten vorgesehen, also lade ich schlechte Zeiten in mein Leben ein. Erst dann lohnen sich die Ersparnisse dafür.

Erklärung: Es spricht nichts dagegen, Rücklagen oder Reserven zu bilden. Doch wichtig dahinter ist die Intention, denn die kann zur Selbstprophezeiung werden. Spare ich für schlechte Zeiten, ziehe ich schlechte Zeiten an.

Gesunde Alternative: Ich lege Geld auf die Seite, um meine Herzenswünsche zu erfüllen und mein Leben in finanzieller Freiheit zu realisieren. Alles andere ist Sache von Vertrauen und Zuversicht, die ich in meinem Leben kultivieren möchte.

♥ *Geld-Glaubensmuster:*
   GELD IST NUR MITTEL ZUM ZWECK!

Bedeutung: Geld allein ist es nicht wert, zu leben und zu existieren. Es hat keine Daseinsberechtigung.

Erklärung: Geld ist als Tauschmittel vorgesehen, und für diese Aufgabe gehört es geehrt und wertgeschätzt.

Gesunde Alternative: Ich danke dem Geld für sein Sein und Tun. Ich bedanke mich herzlich für all die Möglichkeiten, die es mir eröffnet, und für alles, was es in mein Leben bringt.

♥ *Geld-Glaubensmuster:*
   GELD REGIERT DIE WELT!

Bedeutung: Ich gebe dem Geld und den Reichen die Schuld dafür, dass die Welt so böse und unfair ist und ich kein Geld habe.

Erklärung: Geld und Reiche für die eigenen Probleme verantwortlich zu machen, nimmt dir die Kraft weg, dein Leben selbst in die Hand zu nehmen. Geld ist weder gut noch schlecht. Was zählt ist, wie du es einsetzt.

Alternative: Ich übernehme jetzt Verantwortung für meinen Wohlstand. Denn nur dann kann ich persönlich wachsen und auch ein Vorbild für andere sein.

♥ *Geld-Glaubensmuster:*
GELD VERDIRBT DEN CHARAKTER!

Bedeutung: Ich gebe dem Geld die Schuld daran, dass Menschen unfähig sind, mit ihren eigenen dunklen Seiten wie Abgehobenheit, Egoismus, Machtgier klarzukommen.

Erklärung: Geld verstärkt immer nur das, was bereits in einem angelegt ist. Ein unglücklicher Mensch kann mit Geld noch unglücklicher werden, weil es ihm neue Türen öffnet, weiteres Unglück im Leben zu erfahren. Aber für das Unglück ist nicht das Geld verantwortlich, sondern der Mensch, der Unheil in sich trägt.

Alternative: Geld unterstreicht nur den Charakter. Ich danke dem Geld dafür, dass es mir als Spiegel dient.

♥ *Geld-Glaubensmuster:*
ICH LEBE VON VATER STAAT!

Bedeutung: Ich bin nicht in der Lage und mächtig genug, für mich selbst zu sorgen.

Erklärung: Geldansprüche und finanzielle Erwartungen an andere stellen, können einen Menschen weiterhin in seiner Ohnmacht und Verantwortungslosigkeit festhalten.

Gesunde Alternative: Ich nehme jede Hilfe dankend an. Ich bin dankbar dafür, dass mir vorübergehend geholfen wird. Ich will von jetzt an bereitwillig lernen, für mich selbst zu sorgen und mich nach besten Kräften zu versorgen. Aus Liebe zu mir selbst und zu allen anderen.

♥ *Kerngedanken*

- Ultimativen Reichtum kannst du nur dann in deinem Leben etablieren, wenn du dich von Glaubensmustern verabschiedest, die ihm im Weg stehen.
- Achte ganz genau auf die Worte, die du über Geld und Reichtum, Wohlstand und Fülle sprichst. Denn alles, was du sagst, kann sich in deinem Leben bewahrheiten. Die Sprache ist im Halschakra beheimatet, das für deine Ausdrucksfähigkeit steht.
- Überdenke am besten alles, was du bisher über Geld von anderen Menschen gehört hast und auch selbst aussprichst. Entscheide, wie du dein Geldleben führen willst, und gehe davon aus, dass alles möglich ist.

♥ *Aktion*

Sprich von jetzt an über Geld und Erfolg nur jene Worte, die im Einklang mit deinen ultimativen Reichtumswünschen sind. Lass jeden Tag immer mehr Worte weg, die deinen Reichtum beschränken. Finde alternative Glaubensmuster, die sich für dich besser anfühlen. Denke sie immer wieder durch.

Mach Geld zum Tauschmittel, nicht zum Therapeuten!

Geld verdirbt nicht deinen Charakter, es unterstreicht ihn lediglich. Es kann aus dir alle guten und schlechten Seiten herauskitzeln, die schon immer da waren. Durch das Geld kommen sie noch stärker an die Oberfläche. Geld kann nichts auslösen, was nicht bereits in dir ist.

Wenn du ein verbitterter Mensch bist, kann es passieren, dass du mit Geld noch mürrischer wirst. Vielleicht nicht am Anfang. Denn du freust dich und glaubst, das Geld würde alles richten. Aber irgendwann einmal, wenn du dich an das Geld gewöhnt hast, kommen alle Emotionen wieder hoch, die du nicht sehen wolltest, meistens sogar noch stärker. Und das Geld treibt dich dann zu Menschen und Situationen, die dich noch verbitterter machen werden.

Das ist auch der Grund, warum die meisten Lottomillionäre wieder arm werden. Viele von ihnen haben Lotto gespielt, weil sie unzufrieden sind mit dem Leben, das sie führen. Dann kam der Jackpot, und sie glaubten glücklich zu sein. Doch die innere Unzufriedenheit von damals, weil sie beispielsweise einst eine lieblose Kindheit hatten oder es verlernt haben, für sich selbst zu sorgen, hat noch keinen Frieden gefunden – sie wurde nur kurzfristig von Geld geblendet. Später, wenn der erste Hype abgeflacht ist, kommen diese Emotionen wieder hoch. Die einstigen Gewinner werden wieder unglücklich und arm.

Ganz anders ist es natürlich, wenn du gelernt hast, dich selbst zu lieben, dich von Altlasten befreit hast und bewusst lebst. Denn dann kann das Geld zum Segen werden. Du wirst alles Geld in deinen Händen dafür nutzen, um deiner inneren Liebe, Wertschätzung und Glückseligkeit mehr Ausdruck zu verleihen. Du wirst mit dem Geld die Schönheit und Freude des Seins, *deines* Seins, unterstreichen wollen.

Widme dich daher zuerst deinen alten Wunden und inneren Schmerzen, bevor du dich dem Geld oder Erfolg zuwendest. Öffne den Raum für Heilung und Wachstum. Kultiviere in dir eine gewisse Grundzufriedenheit, die dich frei von äußeren Faktoren macht. Sei bereits glücklich, entspannt und gelassen mit oder ohne Geld. Lerne lieber, deine Sorgen, Ängste und Unsicherheiten emotional zu erfassen, statt sie mit Geld zu beruhigen.

Geld kann dir zeigen, was in dir fließt, aber auch, wo es noch blockiert.

Geld hat das Potenzial, all jenes in dir zu verstärken, was bereits da ist. Wenn du zu Suchtverhalten neigst, dann wirst du mit Geld noch mehr Süchte befriedigen wollen. Gierige Menschen werden mit mehr Geld nicht unbedingt großzügiger. Sie halten dann noch mehr fest, weil sie Angst davor haben, es eines Tages zu verlieren.

Geld kann Geldprobleme lösen, aber nicht unbedingt alle anderen Probleme.

Die Ansprüche an das Geld sind leider viel zu hoch. Gut, Geld kann Geldprobleme lösen. Wie gesagt. Aber Geld kann nicht die fehlende Liebe deines Vaters ersetzen, die Untreue des Partners ausmerzen oder der krankhaften Lust auf Junk-Food ein Ende bereiten. All das wird Geld nicht tun können. Aber es kann dir vielleicht noch mehr Türen der Heilung öffnen. Du musst allerdings bereit sein, selbst durch diese Türen zu gehen. Geld ist ein Tauschmittel, es kann dir nicht die Liebe geben, die deine Mutter verabsäumt hat. Den Schmerz aber darfst du heilen.

Und es gibt eine weitere gute Nachricht: Mit den lichten Seiten in dir steht es nicht anders. Wenn du bereits glücklich und zufrieden bist, wird Geld deine Glückseligkeit noch unterstreichen. Wenn du spirituell bist, wirst du mit Geld deine Spiritualität noch mehr ausleben können. Wenn du spontan und verspielt bist, wirst du mit Geld deine Lust auf Abwechslung noch intensiver befriedigen können.

♥ *Kerngedanken*

- Geld löst Geldprobleme, aber keine alten Wunden deiner Eltern, Ex-Partner oder von dir selbst. Es kann dir lediglich neue Türen der Heilung öffnen.
- Geld unterstreicht all deine guten Seiten in dir, aber auch all deine dunklen. Geld bringt jenes von dir an die Oberfläche, was bereits in dir ist.
- Widme dich zunächst deinem spirituellen Wachstum und persönlichen Glück, bevor du dich deinem finanziellen Reichtum zuwendest. Erst glücklich sein und dann reich, ist klug. Anders herum kann es gefährlich werden. Aber auch diese Entscheidung ist in Ordnung. Am Ende hast du dann deine Erfahrungen gemacht und kannst stolz auf sie zurückblicken.

♥ *Aktion*

Kultiviere eine Grundzufriedenheit mit viel oder wenig Geld. Diese Schritte können dich dabei unterstützen:

- *Wachse aus alten Schmerzen und Wunden heraus!*
  Suche therapeutische Hilfe oder beschäftige dich mit alternativen Heilweisen, die deinen alten Schmerz und deine Traumata heilen lassen. Das letzte Kapitel dieses Buches widmet sich der Heilung in dir.
- *Sieh nichts mehr als selbstverständlich!*
  Bedanke dich ab jetzt für alles, was dir täglich an Kleinem oder Großem begegnet. Sei unendlich dankbar für die gute Mahlzeit, ein Windstößchen auf der Bank, die Sonnenstrahlen, das Vogelgezwitscher, die Geschenke und Einladungen, die Anwesenheit deiner lieben Mitmenschen, deinen Körper und alles, was du bereits besitzt und von dem

du umgeben bist. FÜHLE tiefe Dankbarkeit und Wertschätzung für all jenes in deinem Leben, was du bisher als selbstverständlich erachtet hast. Denn nichts ist selbstverständlich, sondern alles ein Geschenk. Auch Herausforderungen sind im Nachhinein gesehen etwas Wertvolles, für die du dankbar sein kannst.

- *Kümmere dich um dich selbst!*
Kümmere dich auch um dich und dein Leben. Nimm dir die Zeit, die du brauchst, um zur Ruhe zu kommen, nachzudenken, deine Wünsche zu erkennen, deinen Träumen nachzugehen und deine Beziehung zu dir selbst zu vertiefen. Du kannst für andere nur dann ein Vorbild sein, wenn du dich selbst verwirklichst. Vermeide sinnlose Ablenkungen und chronisches Entertainment. Dein Leben soll reich, freudvoll, intensiv und abwechslungsreich sein, keine Abfolge von unerfüllten Erfahrungen.

Löse dich von alten Geldschwüren!

Welchen Pakt hast du mit dem Geld geschlossen? Hast du etwa geschworen, eines Tages in Armut und Mangel zu leben? Oder hast du beteuert, deine Gesundheit und Freude dafür aufzuopfern? Was hast du alles getan und unterlassen, um gegen das Geld in den Krieg zu ziehen?

Lege alle Waffen ab und gehe den Weg der Vergebung. Vergib dir, dass du die bedrückenden Sorgen deiner Eltern oder Mitmenschen übernommen hast. Vergib dir, dass du anderen Menschen ihre geistige Armut abgekauft hast. Und vergib dir, dass du dich selbst so sehr gequält hast. Setze dem ein Ende, jetzt!

Kündige deinen alten Pakt mit dem Geld.

Überprüfe zunächst, welchen Pakt du mit dem Geld geschlossen hast. Was macht dich noch unzufrieden? Oder was lässt dich nicht ganz dein volles Leben leben? Du hast dir unbewusst Armut, Sorgen oder Stress erschaffen? Dann kannst du genauso Reichtum, Sorgenfreiheit und Harmonie kreieren! Ändere den inneren Vertrag mit dem Geld, setze ihm ein neues Ablaufdatum, und sobald die Kündigung eingereicht wurde, unterschreibst du einen neuen Vertrag, ganz nach deinen eigenen Bedingungen.

Aber sei nicht zu voreilig. Erkenne zuerst, welchen Sinn bisher alles hatte. Du kannst nur dann Platz für etwas Neues schaffen, wenn du den Sinn und das Wachstumspotenzial im Alten für dich erkannt hast. Was wolltest du dir selbst beibringen, oder was wollte das Leben dich bisher lehren? Du musst das Alte segnen können, um etwas Neues zu beginnen. Und du kannst das Alte dann leichter segnen, wenn du verstehst, warum es in dein Leben gekommen ist.

♥ *Folgende Gedanken können dir dabei helfen:*

- Du hast Armut gewählt, damit du dein Bewusstsein erweiterst, das dich reicher machen wird.
- Du hast Arbeitslosigkeit gewählt, damit du deine Fähigkeiten entwickelst und deine Berufung findest.
- Du hast unbewusst Gier gewählt, damit du Vertrauen lernst, dass immer genug da ist.
- Du hast unbewusst Schuld gewählt, damit du dich von deinen Selbstbeschuldigungen befreien kannst.
- Du hast unbewusst eine Opferhaltung gewählt, damit du dir deiner Macht bewusst wirst.
- Du hast das schwere Leben der anderen nachgelebt, damit du lernst, dein eigenes Leben zu führen.

♥ *Schließe nun einen neuen Pakt mit dem Geld*

Sobald du verstehst, warum du unbewusst Armut und Geldprobleme in deinem Leben erschaffen hast, kannst du diesen Vertrag kündigen und einen neuen Vertrag mit dem Geld eingehen. Den neuen Vertrag setzt du so auf, wie du es dir zutiefst wünschst.

Werde konkret. Nimm dir folgenden Vertrag als Vorlage für deine neue Vereinbarung mit dem Geld:

Neuer Vertrag mit dem Geld zwischen: (Dein Name) und das GELD

§ 1. Manipulation & Schattengefühle
Ich erkläre hiermit, dass ich das Geld von all meinen Schattengefühlen, mit denen ich es über die Jahre besetzt habe, befreie. Ich löse Geld von allen negativen Emotionen der Gier, Manipulation und Neid, mit denen ich es bisher genährt habe. Ich sehe das Geld als reines Tauschmittel und Ausdruck meiner wahren Identität.

§ 2. Schuldfreiheit und Wertfreiheit
Ich verpflichte mich, Geld wieder mit Unschuld und Neutralität zu begegnen, und löse alle blockierenden Muster auf, die ich bisher in Bezug auf Geld, Finanzen und Wohlstand aufgebaut habe. Alles ist reine Energie. Ausnahmslos. Auch das Geld in meinem Leben.

§ 3. Geldbesetzungen
Ich verpflichte mich, alle negativen Denk-, Gefühls- und sonstigen Muster, die ich von Menschen oder anderen We-

sen, insbesondere von Familienmitgliedern, Partnern, Kollegen, Mutter und Vater übernommen habe, wieder an ihre Urheber zurückzugeben. Ich führe mein eigenes Geldleben nach meinen Wünschen und Gesetzen.

§ 4. Geldlektionen
Ich erkläre mich bereit, aus Problemen und Herausforderungen, die mit meinem Besitz, Geld und Wohlstand verstrickt sind, zu lernen, aus ihnen herauszuwachsen und mich dadurch von allen Begrenzungen sowie Einschränkungen zu befreien. Ich erkenne die Vollkommenheit dieses Weges, den ich mit Geld und Erfolg stolz beschreite.

§ 5. Armut & Mangelbewusstsein
Ich entscheide mich für Reichtum und Überfluss, weil ich von Reichtum umgeben bin, Fülle in mir ist und meine Seele sich die Freiheit an Erfahrungen wünscht. Armut und Mangelbewusstsein dürfen sich im Licht der Liebe und Weisheit transformieren und in höhere Energien aufsteigen.

§ 6. Ultimativer Reichtum
Ich verpflichte mich, meinen ultimativen Reichtum zu verwirklichen. Ich bin reich an Potenzialen, erfüllenden Beziehungen, materiellen Errungenschaften, die mich ab jetzt mit Heilung, Harmonie, Liebe und Wohlstand beschenken.

§ 7. Teilen und Geben
Ich verpflichte mich, innerlich zu wachsen und dadurch den Bedürfnissen des Geldes nach Ausdehnung und Vermehrung gerecht zu werden. Ich entscheide mich stets selbst aus meinem freien Willen heraus, mit welchen We-

sen ich meinen Reichtum teilen möchte. Ich teile nur mehr aus reiner Liebe und Freude heraus.

§ 8. Geld & Spiritualität
Ich erkläre hiermit, Geld und Besitz für mein spirituelles, mentales, emotionales und physisches Wachstum im Positiven zu nutzen. Ich nutze meine finanziellen Ressourcen, um Spirituelles, Ökologisches, Nachhaltiges und Bereicherndes auf dieser Erde zu verbreiten.

§ 9. Materialismus
Ich verpflichte mich, Geld und Finanzen dafür zu nutzen, bestens für mich zu sorgen. Ich führe ein Leben in Wohlstand und Fülle. Alle materiellen Errungenschaften segnen mich mit Freude, Gesundheit, Liebe, Freiheit und Wachstum.

§ 10. Geldpotenziale
Ich erkläre hiermit, mich für alle bekannten und unbekannten Geldquellen zu öffnen, die in mein Leben fließen wollen. Ich entscheide mich für ein Leben, ich dem ich mein volles finanzielles Potenzial lebe. Geld soll mich dabei unterstützen, all meine Potenziale und Gaben sowie Fähigkeiten voll und ganz zum Ausdruck zu bringen.

§ 11. G.E.L.D.-Formel
G.E.L.D. steht für mich ab jetzt für kluges GEBEN, großzügiges EMPFANGEN in größter LIEBE und tiefster DANKBARKEIT.

Datum und Unterschrift:

♥ *Kerngedanken*

- Wenn du mit dem Geld und deinen Finanzen kämpfst, dann wahrscheinlich deshalb, weil du einen alten Pakt mit ihnen hast, der dich darin festhält.
- Mach dir klar, dass du einen Schwur mit dem Geld abgeschlossen hast. Entweder ist es dein eigener oder du hast ihn von deinen Eltern oder Mitmenschen übernommen und zu deinem eigenen gemacht.
- Jeder Schwur hat aber wie ein Vertrag ein Ablaufdatum. Du musst nur den Stempel draufsetzen.
- Doch bevor du dich von einer alten Vereinbarung trennst, musst du zuerst erkennen, was sie dir Positives und Sinnvolles gebracht hat. Auch wenn es durchaus mit viel Ärger und Anstrengung verbunden war. Diese Wut und dieser Schweiß haben in dir Wachstumsimpulse gesetzt und dich zu dem gemacht, der du heute bist.
- Gehe jetzt einen neuen Pakt mit dem Geld ein. Ein Pakt, der dich glücklich und erfüllt in Reichtum leben lässt.

♥ *Aktion*

Schreibe dir auf, was du von Eltern und anderen Menschen über das Geld mitbekommen hast. Mach dir klar, dass sie so ihr Geldleben leben wollten – anscheinend möchten *sie* diese Erfahrungen machen. Löse dich von *ihren* Einstellungen und Schwüren, die zu *ihnen* gehören, indem du dieses Blatt Papier verbrennst. Und schreibe dir auf einem neuen Blatt Papier auf, wie du ab jetzt gerne *dein* finanzielles Leben gestalten willst. Achte darauf, dass Liebe, Freude, Freiheit und Erfüllung zu deinem Lebensmittelpunkt werden.

Suche die Gegenwart erfolgreicher Menschen!

Wenn du ultimativen Reichtum an Geld, Wohlstand, Liebe und Erfolg erschaffen willst, dann musst du reich denken, fühlen, sprechen, handeln und sein. Öffne dich diesem Reichtum in deinem Leben, indem du ihn dir wünschst, für dich beanspruchst und dich ihm voll und ganz hingibst.

Lerne auch, allen anderen Menschen ihr Geburtsrecht auf ein Leben in Fülle und Liebe aus tiefstem Herzen heraus zu wünschen und zu gönnen. Wenn du anderen etwas missgönnst, weil du es selbst nicht erreicht hast oder glaubst, sie würden dir nicht genug übrig lassen, dann schneidest du dich von der Energie des Reichtums ab.

Sich selbst etwas zu wünschen, aber anderen nicht gönnen zu können, ist Mangeldenken. Du bist und bleibst dann arm. Du kannst nicht etwas bekommen, was du anderen nicht geben willst. Und wenn du es doch bekämst, würdest du es im Bewusstsein der Armut empfangen.

Wünsche daher all deinen Mitmenschen ein Leben in Liebe, Harmonie, Fülle und Wohlstand. Wünsche ihnen ein wundervolles Leben, in dem sie ihre höchsten Potenziale und Träume verwirklichen. Du kannst sie zu nichts zwingen. Sie müssen ihr Leben selbst in die Hand nehmen wollen. Aber du kannst für sie ein Vorbild sein.

Freue dich für sie, wenn sie jenes Leben führen, dass du dir für dich selbst wünschst. Freue dich, bewundere sie und umgib dich mit ihnen! Es ist leichter, etwas zu erreichen, wenn du dich mit jenen Menschen umgibst, die all das bereits verwirklicht haben. Sie sind ein Kanal für diese Energie, für die Energie des Reichtums. Verbinde dich mit ihnen, und die Energie des Reichtums wird sich auch mit dir leichter verbinden können, sie ist bereits ganz in der Nähe. Deshalb denke daran:

- Wenn du glücklicher werden willst, umgib dich mit Menschen, die bereits glücklich sind, und verabschiede dich von unglücklichen Menschen. Wenn du sie nicht in deiner Nähe hast, dann bewundere sie im Internet, in Büchern, in Filmen, besuche ihre Seminare und Vorträge oder lese und höre Interviews mit ihnen.
- Wenn du reicher werden willst, halte dich unter Menschen auf, die ihren Reichtum glücklich leben, statt unter Menschen, die Armut ausstrahlen. Oder verbinde dich durch Filme, Zeitungen, Social Media mit ihnen.
- Wenn du suchtfreier werden willst, dann gehe unter Menschen, die einen gesunden und heilsamen Lebensstil führen, und vermeide solche, die selbst in Süchten gefangen sind und das auch bleiben wollen.
- Und wenn du mehr Liebe im Leben spüren willst, suche Menschen und Orte auf, die Liebe ausstrahlen – Liebe für sich selbst und Liebe für ihr gesamtes Umfeld.

Menschen und Orte haben einen starken energetischen Einfluss auf deine Umsetzungskraft. Gehst du das erste Mal motiviert joggen, wirst du vielleicht einen guten Start hinlegen. Bist du nur von Menschen und Freunden umgeben, denen Sport nicht wichtig ist und die lieber faul vorm Fernseher liegen, wirst du es schwer haben, motiviert zu beginnen. Triffst du dich aber gleich mit einem Marathonläufer, der gemeinsam mit dir in der Natur joggen geht, oder einer Läufergruppe, die sich ständig motiviert trifft, die darüber berichtet, wie gut es ihnen tut, dann zieht dich dies mit, deine Motivation hält an und verstärkt sich von Tag zu Tag, so dass du sehr bald überrascht sein wirst, wozu du fähig bist und was du alles erreichen kannst.

Das Gleiche gilt für das Thema Geld und Reichtum. Suche die Präsenz von Vorbildern, statt ihnen neiderfüllt aus dem Weg zu gehen; damit schneidest du dir nur ins eigene Fleisch. Halte dich an wundervollen Orten auf, die dich mit Kraft und Energie beschenken. Und wenn dir all das jetzt nicht möglich ist, kannst du deinen Geist beauftragen, dich dorthin zu bringen, oder du findest Dokumentarfilme über diese Orte und fühlst dich auf diese Weise ein. Und dann wachst du eines Tages in der Frühe auf und erkennst, dass alles wahr geworden ist.

Du lebst in einem Universum, in dem für jeden genug da ist. Einzig und allein der Mensch hat Mangel erschaffen. Kein anderes Lebewesen lebt im Mangel. Du glaubst nur, dass nicht für jeden reichlich Geld, Liebe, Harmonie, Wohlstand und Reichtum vorhanden ist. Du kannst dich aber von dieser Illusion des Mangels lösen, indem du deine innere Fülle spürst und anderen Menschen ihren Reichtum von ganzem Herzen gönnst.

Gönnst du anderen ihren Reichtum, verbindest du dich mehr mit der Energie des Wohlstands, als wenn du ihnen ihr Glück missgönnt hättest. Umgibst du dich möglichst häufig mit diesen Menschen, wirst du Wohlstand, Reichtum und Fülle noch schneller und leichter anziehen – aus dir heraus.

♥ *Kerngedanken*

- Du kannst nur das bekommen, was du anderen Menschen aus tiefstem Herzen gönnst. So verbindest du dich mit der Energie des Wohlstands, von Liebe, Reichtum und Fülle.

- Suche die Gegenwart jener Menschen, die dir als Vorbild für mehr Glück, Erfolg, Liebe und Gesundheit dienen. Wenn du sie nicht unmittelbar in deiner Nähe hast, dann verbinde dich mit ihnen durch das Internet, durch Bücher, Seminare, Vorträge oder sonstige Events.
- Halte dich an Orten auf, die dich mit Kraft und Energie beschenken. Es gibt heilsame, reiche, spirituelle, pulsierende Gegenden, an denen du dich so oft wie möglich aufhalten solltest. Vielleicht willst du auch für immer dorthin ziehen? Sollte dir das jetzt nicht möglich sein, sprich wenigstens den Wunsch immer wieder aus.
- Gib das, was du selbst empfangen willst. Wünsche anderen Glück, Erfolg, Liebe und Wohlstand. Achte auch darauf, dass sie es für sich selbst wollen. Denn du darfst sie zu nichts zwingen.
- Umgib dich mit Reichtum, Fülle und Wohlstand, und diese Energie wird sich sehr bald auch durch dich ausdrücken.

♥ *Aktion*

Suche dir ein oder zwei Vorbilder, die genau das geschafft und erreicht haben, was du dir für dich selbst wünscht. Verbinde dich mit ihnen in persönlichen Gesprächen, Seminaren, Vorträgen, Büchern, Einzelberatungen, Interviews, Videos und über sonstige Foren. Halte dich immer häufiger an Orten auf, die dir Kraft und Energie geben. Wünsche bekannten und unbekannten Menschen, denen du begegnest, dass sie ein wahrhaft erfülltes Leben führen. Verbringe Zeit mit Menschen, die du bewunderst, die deine Ziele bereits erreicht haben. Lerne von diesen Vorbildern.

Trenne dich von falschen Zielen!

In jedem Buch über Erfolg steht geschrieben, wie wichtig es ist, sich Ziele zu setzen. Ziele helfen dir, etwas im Leben zu erreichen. Doch wichtiger ist es, sich die *richtigen* Ziele zu setzen. Falsche Ziele bergen eine große Gefahr: Sie führen dich vom Weg ab. Sie sind scheinheilig. Sie rauben dir Energie, Kraft und Lebenslust. Du musst daher die Spreu vom Weizen trennen.

♥ *Falsche Ziele sind Fremdziele*

Fremdziele sind solche Ziele, die du von anderen Menschen übernommen hast. Du lebst deren Leben und hast dich für deren Absichten entschieden. Aber sie fühlen sich nicht gut an. Du nimmst dir damit unbewusst vor, dein Leben so zu führen, wie andere Menschen es sich wünschen. Du hast geglaubt, dass das auch deine Ziele sind, und versuchst sie nun zu verwirklichen. Doch du fühlst dich dabei beengt, eingesperrt und unerfüllt. Erwartungen werden nicht erfüllt. Es fühlt sich alles schwer und kompliziert oder gar langweilig an. Irgendwo im Herzen träumst du von etwas anderem. Das weißt du ganz genau. Es fehlt dir vielleicht der Mut, dir das einzugestehen. Diese Zeilen sollen dir aber jetzt Mut machen. Trenne dich von Fremdzielen, sie halten dich nur gefangen. Prüfe jedes Ziel auf seine Wirkung auf dich und seine Authentizität.

♥ *Lebensziele oder Leblosziele?*

Leblosziele sind Ziele, die dir alle Kraft und Energie rauben. Auch wenn du sie erreicht hast, fühlst du Leere. Sie inspirieren dich nicht, noch bringen sie dir Erfüllung. Warum du sie dir trotzdem gesetzt hast, ist dir unklar. Vielleicht glaubst du, dass du etwas erreichen musst, um dir selbst oder anderen etwas zu beweisen. Du denkst, dass du dieses Ziel brauchst, um etwas wert zu sein. Aber das stimmt nicht. Du kommst erst wirklich weiter im Leben, wenn du JETZT voller Leidenschaft und Inspiration bist. *Das* ist der wahre Status, der dich beflügelt. Passion nährt dich und hilft dir, deine wahren Ziele zu erreichen.

Lebensziele unterschieden sich stark von Leblosziele. Lebensziele sind Ziele, die sich richtig, missionarisch, sinnvoll und lebendig anfühlen. Lebensziele saugen dich nicht aus, vielleicht machen sie dich manchmal müde, weil du deinem Körper nicht die erforderliche Ruhe gegönnt hast. Aber sie geben dir langfristig immer Kraft und Energie. Wenn du ein Leblosziel in deinem Leben hast, dann lass es langsam oder schrittweise fallen. Oder achte darauf, ob es möglich ist, ein Leblosziel in ein Lebensziel zu verwandeln.

Auch bei Geld existieren Fremd- und Leblosziele. Wenn wir glauben, dass wir uns mit einem Job und einem kleinen Gehalt zufriedengeben müssen, so wie es vielleicht unsere Eltern taten, dann ist das ein Fremdziel. Dann hast du das Ziel deiner Eltern zu deinem eigenen gemacht.

Wenn du glaubst, dass du mit deinem Geld ein Projekt unterstützen musst, weil das alle von dir erwarten, hast du dich in einem Leblosziel verloren. Es ist wichtig, dass du dein Geld nicht in Fremd- oder Leblosziele investierst. Dadurch missachtest du nämlich das Geld und erkennst seinen Wert nicht an. Trenne dich lieber von solchen Zielen. Sei ehrlich mit dir selbst. Schaffe Platz! Erst dann kannst du überhaupt neue inspirierende Ziele in deinem Leben verfolgen.

Ich persönlich halte nichts von realistischen Zielen, aber viel von Zwischenschritten. Verwechsle nicht deine große Vision und Mission im Leben mit den kleinen Schritten, die dich dorthin führen. Eine große Vision hört sich selten realistisch an. Es ist etwas, was andere vielleicht für unmöglich oder nicht machbar halten. Aber irgendetwas in dir flüstert dir zu, dass es gewiss richtig ist. Da darfst du keine Kompromisse eingehen. Suche dir Vorbilder, die einen ähnlichen Weg gegangen sind, und umgib dich mit Menschen, die an dich glauben. Nur von ihnen kannst du lernen.

Vorbilder haben genau das geschafft, was du für dich verwirklichen willst. Sie unterstützen dich voll und ganz in deinem Fortschritt. Alle anderen halten dich nur von deinem Weg ab. Solche Vorbilder sind beispielsweise Berühmtheiten wie Steve Jobs, Oprah Winfrey oder Jim Carrey – ihre Biografie wird dir vieles verraten.

♥ *Kerngedanken*

- Sich Ziele zu setzen ist wichtig, aber nur, wenn es die richtigen Ziele sind. Die richtigen Ziele geben dir Kraft, Energie und Wachstum.
- Falsche Ziele sind dagegen Fremdziele, die du dir zu Eigen gemacht hast. Oder Leblosziele, mit denen du dir selbst oder anderen etwas beweisen willst.
- Jede wahre Vision und Mission ist vielleicht unrealistisch. Gehe realistische Zwischenschritte, aber halte an dieser höheren Vision und Mission fest.
- Finde deine ganz eigenen Ziele und stehe zu ihnen.

♥ *Aktion*

Mach eine Liste von großen Zielen, die du dir gesetzt hast. Überprüfe bei jedem dieser Ziele, ob es dein eigenes ist oder ein übernommenes Ziel. Beim Durchlesen und Visualisieren deines eigenen Ziels wirst du ein Kribbeln im Körper fühlen, deine Energie steigt, du spürst Emotionen und Antrieb. Bei Fremdzielen oder Lebloszielen wirst du wahrscheinlich weniger empfinden, die Energie steigt nicht an, sondern sinkt vielleicht sogar, und dein Verstand meldet sich: »Ja, das ist schon richtig so.« Unterstütze dich selbst, indem du deine eigenen Ziele auf der Liste hervorhebst: Stell dir vor, wie es sich anfühlt, wenn du dieses Ziel bereits erreicht hast. Skaliere dann deine emotionale Erfahrung. Sei dabei so ehrlich wie nur irgend möglich mit dir! 0 bedeutet keine Kraft, Energie, Inspiration und Erfüllung und 10 heißt größte Kraft, Energie, Inspiration und Erfüllung. So wirst du bei jedem Ziel klar erkennen, ob es deines ist oder nicht: Alle Ziele, die eine Note unter 6 bekommen, lässt du fallen, es sind nicht deine, sie tun dir gerade nicht gut. Mache vielmehr jene zur Priorität, die über 7 Punkte bekommen haben. Und vergiss nicht, dir auch finanzielle Ziele zu setzen! Skaliere diese ebenfalls.

♥ *Zu bedenken:*

Mach dir klar, dass das Geld aus deinem Job nur EINE Einnahmequelle ist. Öffne dein Bewusstsein dafür, dass Geld von Arbeit kommen kann, es aber auch zahlreiche andere Einnahmenquellen gibt, die du ausschöpfen kannst. Halte dein Bewusstsein stets offen, wenn es um Geld geht.

♥ *Hier für dich eine Auflistung zur Erweiterung deines Geldbewusstseins:*

- Es gibt aktives Einkommen – also Einnahmen, die dir nur durch deinen persönlichen Arbeitseinsatz zufließen. Das sind alle Gehälter, Honorare, Boni und Zusatzleistungen, die du erhältst.

- Es gibt passives Einkommen – also Einnahmen, bei denen dein persönlicher Arbeitseinsatz nicht verlangt ist. Das können Menschen, Produkte oder Investments sein, die für dich arbeiten und Geld erwirtschaften.
- Es gibt Schenkungen, Funde und Spenden – also Einnahmen, die überraschend oder geplant erfolgen. Sie können bekannten, aber auch unbekannten Quellen entspringen.
- Es gibt Erbschaften und Anspruchszahlungen – also Einnahmen, die rechtlichen oder wirtschaftlichen Gründen entspringen.
- Es gibt unbekannte Einkommensquellen – also Einnahmen, die du derzeit selbst noch nicht kennst, aber eintreten könnten.
- Es gibt Wunder. Auch als Geldwunder bekannt.

Befreie dich von Konsumzwängen!

Schon der Duden definiert Konsumzwang als »von der Konsumgesellschaft ausgeübter Druck zu möglichst großem Konsumgüterverbrauch«. Das Problem hier ist weder die Konsumgesellschaft noch der Konsumgüterverbrauch. Sehr wohl ist es aber der DRUCK. Denn jeder Druck erzeugt Gegendruck. Das bedeutet, jedes Mal, wenn du unter Druck konsumierst, wehrt sich etwas dagegen in dir.

Unsere Gesellschaft lebt von braven Konsumenten, die unter Druck einkaufen. Sie stehen deswegen unter Druck, weil sie sich schlecht fühlen und gestresst sind, keinen Ausweg sehen, sich selbst nicht mögen und voller Unsicherheit durchs Leben gehen. Und um diesen Druck auszugleichen, braucht es ein Ventil im Außen. Dieses Ventil ist das Hobby Nr. 1 vieler Menschen: *Shopping*.

Wer unter solchem Druckzustand einkauft, der betreibt Missbrauch. Missbrauch mit sich selbst und mit dem Geld. Konsum an sich ist nichts Schlechtes. Bedenklich ist jedoch das Motiv hinter deinen vollen Einkaufstaschen. Kaufst du aus Freude oder Abhängigkeit heraus, aus innerer Festigkeit oder Unsicherheit? Wenn du ständig auf der Suche nach äußeren Ventilen bist, um inneren Frust und Hoffnungslosigkeit loszuwerden, dann wirst du zum Konsumköder. Und jeder Köder wird einmal gefressen. Das ist auch der Grund, warum sich viele Dinge kaufen, die sie sich eigentlich nicht leisten können. Sie verschulden sich für Autos, Fernseher, Häuser und Reisen.

Wer sich selbst und seine spirituellen Wurzeln verloren hat, der ist wie Frischfleisch für die Konsumindustrie. Gezielte Werbung bewirkt, dass sein Leben von Shopping, unbewusstem Shopping, Late-Night-Shopping, Schnäppchen-Jagd-Shopping, Sales Shopping, Exclusive Shopping und so weiter bestimmt ist. Wenn das in einem Rahmen geschieht, der dich nicht von den wichtigen Sachen im Leben fernhält, kannst du es dir ruhig erlauben. Aber wenn Shopping zu einer Dauerhypnose wird, zu einem Bewusstseinsverlust oder einer Flucht vor den Emotionen führt, vor Realität und Wahrheit, dann verlierst du sehr bald den Boden unter den Füßen, deine Finanzen finden keinen gesunden Halt mehr, und die Spirale reißt dich immer weiter in die Tiefe.

Es ist ein großer Unterschied, ob du dir ein neues Auto kaufst, weil es dein Herz erfüllt, deine innere Fülle und dein Glücklichsein noch mehr zum Ausdruck bringt und unterstreicht, oder weil es deine innere Leere kaschieren soll, deinen Frust, deine untragbaren Emotionen, die eigene Unzulänglichkeit oder Hoffnungslosigkeit. Dann ist Shopping gefährlich.

Wünschst du dir ein Auto aus Liebe und entscheidest mit einem klaren Kopf über den Kauf, dann kann Shopping ein wunderbarer Weg sein, die tieferen Wünsche der Seele wahr werden zu lassen. Wenn du dich aber innerlich ängstlich, zappelig, abgelenkt fühlst und nicht weißt, wer du bist, welche Visionen und Ziele dich ausmachen, dann fehlt dir beim Einkauf der Boden unter den Füßen.

Verschwende daher kein Geld für das Stillen deiner inneren Unzufriedenheit. Beschäftige dich lieber erst mit dir selbst, bevor du dich in Belanglosem verlierst. Spüre in dich hinein und erkenne, wenn es dir nicht gut geht, und lass die negativen Gefühle spürbar an dir vorbeiziehen. Gefühle kommen und gehen. Hartnäckige Gefühle kommen immer wieder, weil sie hoffen, dass wir ihnen Aufmerksamkeit schenken. Aber nicht nur deshalb. Sie rufen auch nach Heilung und Geborgenheit. Sie brauchen keine teure Uhr oder neuen Schuhe, sondern unsere Liebe und Fürsorge.

Bewusst konsumieren kannst du erst dann, wenn du klar im Denken und Fühlen bist. Erziehe dich selbst zu einem bewussten Konsumenten. Achte nicht nur darauf, was du kaufst, sondern auch, aus welcher Motivation heraus. Geschieht es mit purer Freude und Liebe, dann sage groß JA zum Shoppen. Merkst du aber eine Anhaftung, eine Abhängigkeit, die sich nicht so gut anfühlt oder eine Flucht vor der Realität ist, dann lass die Ware fallen und richte deine Aufmerksamkeit nach *Innen*. Atme durch. Schaue dir das Gefühl an, das jetzt angesehen werden will – und entscheide erst dann, ob du wirklich kaufen willst. Frei von Druck.

♥ *Kerngedanken*

- Sei besser ein bewusster Mensch statt ein braver Konsument. Oder werde wenigstens zu einem bewussten Konsumenten statt zu einem unbewussten Köder der Konsumindustrie.

- Konsum ist nichts Schlechtes. Wenn du es aber für deine innere Leere und Sinnlosigkeit missbrauchst, dann lenkt er dich von den wichtigen Dingen im Leben ab.
- Wichtig ist, dass du lernst, deine eigenen Wurzeln zu erkennen, deine inneren Potenziale zu entdecken und dich von alten Schmerzen und Seelenwunden zu befreien.
- Atme daher tief durch, wann immer Emotionen der Leere und Sinnlosigkeit in dir auftauchen. Schließe sie in dein Herz und gibt ihnen dort den Raum, um sich zu verändern. So heilst du und wirst ganz.
- Wenn du konsumierst, um deine innere Liebe und Freude auszudrücken, dann gibst du auch dem Geld mehr Wertschätzung dafür, was es dir alles ermöglicht.
- Sage JA zu deiner Freude und gib der Leere die Möglichkeit, Heilung zu finden.

♥ *Aktion*

Stell dir vor, dass du ab jetzt ganz frei entscheiden kannst, ob du etwas kaufen willst oder nicht. Versetze dich einmal kurz in die Rolle des bewussten Konsumenten. Du kaufst nur dann etwas, wenn es passt, wenn es sich für dich gut anfühlt. Du kaufst nicht, damit es dir gut geht, sondern *weil* es dir gut geht. Du fühlst dich ganz frei und ohne Druck. Gehe mit diesem Gefühl nun bummeln und achte darauf, was sich bei deinem Shoppingtrip ergibt. Achte darauf, dass du diesen inneren Zustand die ganze Zeit über aufrechterhältst. Achte darauf, ob sich Mangeldenken oder Mangelgefühle einschleichen. Auch sie machen dich zu einem unbewussten Konsumenten. Dann traue dich etwas, was das Mangeldenken in dir auf die Probe stellt. Öffne so schrittweise deine Grenzen in dir.

Ordne und kläre deine Finanzen!

Alles hat seine Ordnung. Auch Dinge, die zunächst chaotisch erscheinen, haben ihre Ordnung. Jeder Fluss entspringt einer Quelle und nimmt seinen Weg, scheinbar willkürlich und verzweigt. Was nach Chaos aussehen mag, hat in Wahrheit immer eine klare Struktur. Planeten bewegen sich in einer Umlaufbahn, Galaxien und Sonnensysteme scheinen von allein zu wissen, welche Bahn sie einschlagen müssen. Was einem ziellos und anarchisch vorkommt, ist bei näherer Betrachtung voll vorgegebener Bahnen und Wege.

Struktur und Ordnung herrschen ebenso in der Natur, die vor Vielfalt, Fülle und buntem Treiben nur so strotzt. Jedem Baum, jedem Pilz, jedem Insekt und jedem Samen steht ein ganz spezifischer Platz zu, mit einer klaren Aufgabe, was er, sie oder es auf der Erde erreichen, erleben und bewirken kann. Ein Samen wächst zu einer Pflanze heran und eine Raupe hat gar keine andere Wahl, als zu einem Schmetterling zu werden. Es herrschen Ordnung, Klarheit und Zielstrebigkeit.

Auch der menschliche Körper folgt diesem Prinzip. Mit seinen Blutgefäßen und Energiebahnen ist er tatsächlich ein lebendiger Organismus, der durch Ordnung seine Harmonie aufrechterhält. Überall, wo etwas zielgerichtet fließen soll, braucht es eine klare Ordnung, feste Bahnen und freie Wege. Das trifft auch auf den Geld-FLUSS zu.

♥ * * * ♥

Du bist unordentlich in Bezug auf Geld? Das kann sich in vielen Facetten zeigen. Hier einige Beispiele:
- Unübersichtlichkeit bei den eigenen Finanzen – auf der Einnahmen- und Ausgabenseite

- Mangelhaftes Haushaltsbuch oder chaotische Buchhaltung in einem Unternehmen
- Ungeklärte Finanzverhältnisse mit Familienmitgliedern, Kollegen, Partnern und anderen Menschen
- Abhängig machende Verstrickungen durch Erbschaften, Schenkungen, Verträge oder Ansprüche
- Offene und unklare Rechnungen, deren Ausgang bewusst oder unbewusst in der Schwebe gehalten werden
- Schleierhafte Geldgeschäfte, die mit deinem persönlichen Wertesystem nicht vereinbar sind
- Geldsummen, die nicht zugeordnet werden können oder keinen rechtmäßigen Eigentümer haben

Dein Ziel ist es nun, in deinem Geldsystem wieder Ordnung zu schaffen. Beginne gleich damit. Wirf einen Blick auf deine Brieftasche. Stelle bereits dort deine Verantwortlichkeit und Kompetenz unter Beweis und schaffe Ordnung und Übersicht. Besorge dir eine, in der alles Platz hat, und achte darauf, dass alles seinen *richtigen* Platz bekommt. Sortiere deine Geldscheine, lege deine Rechnungen zusammen, ordne deine Kreditkarten logisch an und entferne alles, was du nicht wirklich brauchst.

Wünsche dir nur dann mehr Geld, wenn du dich fähig fühlst, auch damit umzugehen.

Wenn du nicht fähig bist, mit großen oder selbst kleineren Geldbeträgen umzugehen, kann das deinen Geldfluss zum Stocken bringen. Wünsche dir nur dann mehr Geld, wenn du dich fähig fühlst oder wenigstens die Kompetenz aufbauen willst, es auch verantwortlich zu verwalten. Und du kannst deine Kompetenz am besten mit jenem Geld beweisen, das dir gerade zur Verfügung steht.

Doch zwinge dich nicht in eine Rolle, die nicht deine ist. Wenn du nicht zu einem Zahlenmenschen mutieren willst oder das Chaos bevorzugst, dann geht auch das klar. Aber Geld braucht nun einmal Ordnung. Deine Aufgabe ist es in diesem Fall, dein Geld von jemand anderem gut verwalten zu lassen. Das kann ein Notar sein, ein Buchhalter, ein Steuerberater, Sachwalter, Vermögensberater oder Wirtschaftsprüfer. Solche Menschen schaffen Ordnung für dich. Ja, deine Verantwortung hinsichtlich des Umgangs mit Geld kannst du auch dadurch demonstrieren, dass du jemanden dafür engagierst, der Ordnung schafft. Du bleibst *immer* selbst für dein Geld verantwortlich. Selbst dann, wenn du es nicht selbst verwalten kannst oder willst. Und wenn du glaubst, dass es in fremden Händen besser aufgehoben ist, dann ist es deine Pflicht, alles Nötige zu tun, damit es genauso geschieht.

Mach dir klar, dass du damit nicht die Verantwortung für dein Geld abgibst, sondern lediglich die Verwaltung deines Geldes. Du solltest aber weiterhin den Überblick bewahren und dir der Wichtigkeit deines Geldes bewusst sein.

Das hält deinen Geldfluss sauber und frei.

♥ *Kerngedanken*

- Jeder Fluss hat eine Quelle, die ihn speist. Auch jeder Geldfluss hat einen Urheber. Dieser Urheber hat für Klarheit und Ordnung zu sorgen.
- Bist du kein Zahlenmensch oder kümmerst du dich ungern um deine Finanzgeschäfte, triff die Entscheidung, dass jemand anderer es für dich tun soll. Das ist die Fürsorge, die Geld sich wünscht. Vergiss dabei nicht, dass nur du allein für deinen Wohlstand verantwortlich bist, auch wenn jemand anderer ihn verwaltet.

- Du darfst die Verwaltung deines Geldes abgeben, nie aber die Verantwortung.

♥ *Aktion*

- Räum deine Brieftasche jetzt auf!
- Verschaffe dir einen Überblick über dein Geld!
- Bring Ordnung in all deine Geldangelegenheiten!
- Hol dir Hilfe von Experten, die sich um die Verwaltung deines Geldes kümmern!
- Übernimm jetzt die Verantwortung für dein eigenes Geld!
- Löse dich von allen unfrei machenden und unklaren Geldverstrickungen!
- Löse alle Verträge auf, die dir zur Last gefallen sind!

Löse dich vor allem von finanziellen Verstrickungen mit anderen Menschen, die sich abhängig, unstimmig oder ungeregelt anfühlen. Dein oberstes Ziel muss sein, ein *freies* Leben zu führen, das dich in deiner persönlichen Finanzkraft nicht einschränkt. Nimm dir daher vor, dich von jeglichen Geldansprüchen zu lösen, die sich schwierig anfühlen. Wenn du beispielsweise auf Alimente-Zahlungen deines Ex-Mannes angewiesen bist, er aber unzuverlässig oder gar nicht zahlt, dann prüfe, ob es darum geht zu kämpfen oder loszulassen. Entscheide letztlich immer für ein eigenes Leben in Wohlstand, das du dir aufbauen willst und das dich frei von jedem und allem macht.

Arbeite nicht härter, sondern smarter!

Jeder Mann hat auch eine weibliche Seite und jede Frau eine männliche. Wir brauchen beide Seiten, um uns ganz zu fühlen. Bist du ein Mann oder eine Frau und findet deine weibliche Seite zu wenig Ausdruck, dann fehlt es dir an Harmonie, Schönheit, Spaß, Lust, Genuss und Erholung im Leben. Bekommt aber dein männlicher Anteil in dir zu wenig Beachtung, dann mangelt es dir an Ordnung, Fokus, Struktur, Klarheit, Geradlinigkeit und Umsetzungskraft.

Das Leben mit den männlichen und weiblichen Energien ist wie ein Tanz. An einem Tag geht es darum, dass du deine Ärmel hochkrempelst und die Dinge anpackst, an einem anderen wieder ruft das *Dolce vita*, dann solltest du dich einfach treiben lassen. Die meisten tun sich leichter mit dem Anpacken als mit dem Loslassen, also mit der männlichen Energie als der weiblichen. Das liegt daran, dass wir in einer Gesellschaft aufgewachsen sind, die glaubt, Tun ist wichtiger als Empfangen. Asiatische Kulturen sind vom Gegenteil überzeugt.

Ein perfektes Beispiel dafür: Vorbild in unserem Kulturkreis sind erfolgreiche Popstars, die ständig etwas um die Ohren haben. Vorbilder der asiatischen Kultur hingegen sind Mönche, die in Sein und Meditation versinken. Die Wahrheit ist, dass wir beides sein können. Beides ist gleichermaßen wichtig. Männlich und weiblich brauchen einander. Ohne das eine gäbe es nicht das andere.

Dein Geld nur »männlich« zu verdienen bedeutet, dass du gut darin bist, deine finanziellen Ziele zu erreichen. Erfolg, gemessen in Zahlen, fällt dir leicht. Doch es fehlt dir der weibliche Ausgleich: der Erfolg, gemessen an den Emotionen. Das Zurücklehnen und Genießen fällt leider aus. Du glaubst, dass du das nicht darfst, denn sonst ginge dein Werk unter. Doch genau das Gegenteil ist der Fall.

Je mehr du dir Pausen, Erholung, Inspiration, Kreativität, frische Luft und Vergnügen in dein Leben holst, desto mehr Nahrung bekommt auch deine männliche Seite. Sie kann erst dann so richtig in Fahrt kommen, was im Endeffekt bedeutet: Noch mehr Erfolg, auch in Zahlen gemessen. Je gestärkter deine weibliche Seite in dir ist, desto mehr Ausdruck kann die männliche finden, ohne dass du das Gleichgewicht und den freien Fluss verlierst.

Die wenigsten Menschen müssen heutzutage härter arbeiten, dafür aber umso smarter und herzhafter. Die weibliche Seite hilft dir, mit mehr Herz zu leben.

Auch die weibliche Energie in uns will Ziele erreichen, allerdings mit Spaß und Freude. Sie liebt die Leichtigkeit des Seins. Sie weiß, wie du mit der kleinsten Anstrengung den größten Erfolg vollbringst. Sie liebt alles, was mit Kreativität zu tun hat. Sie blüht auf in Düften, poetischen Gedichten, Musik, Tanz, Kunst, allgemein im Genuss und in der Liebe zum Leben. Die weibliche Seite pausiert das Tun für einen Moment und öffnet dir die Arme, damit das Beste zu ihr kommen kann. Sie ist immer empfangsbereit für das Schöne, Wahre und Gute im Leben.

♥ *Männlich und weiblich brauchen einander.*

Ohne Kreativität und Erholung kann das Männliche nicht sein Bestes geben. Ohne Klarheit, Ordnung und Aktion kann das Weibliche seine Pausen nicht genießen.

Öffne nun die Arme für die männliche und weibliche Seite in dir. Verbinde dich mit animalischen Kräften, Abenteuerlust und Leidenschaft. Lasse gleichzeitig Liebe, Ruhe und Offenheit zu dir kommen.

Die To-do-Liste deiner männlichen Energie wird finanziell so lauten: Tagesumsatz von 5.000 Euro, 15 Prozent mehr Gewinn, 20 Prozent höheres Gehalt, neues Konto eröffnen, Wertpapierdepot überprüfen …

Und die To-do-Liste deiner weiblichen Energie lautet so: Vertrauen, Spaß haben, erfinderisch sein, lieben, Pausen machen, kreative Einkommensquellen erschließen.

Du brauchst unbedingt einen Ausgleich zwischen beiden To-do-Listen! Auch wenn vielleicht an manchen Tagen die eine wichtiger als die andere ist. Im Großen und Ganzen lade ich dich ein, *beides* voll und ganz auszuleben. Der Mann in dir wird stärker, wenn die Frau in dir sich Ausdruck verschaffen darf. Und umgekehrt genauso.

♥ *Kerngedanken*

- Wie viel Geld du verdienst, ist eine männliche Qualität. Wie du es verdienst, ist die weibliche.
- Erreichst du deine Geldziele mit Leichtigkeit und Freude, sind deine männlichen und weiblichen Energien in Balance.
- Erreichst du deine Ziele nur sehr schwer und mühsam, obwohl du viel im Tun und Denken bist, dann sind die weiblichen Kräfte in dir unterentwickelt. Entwickle mehr Ruhe, Erholung, Pausen, Freude, Liebe, Leichtigkeit und Vertrauen in deinem Leben.
- Bist du sehr erfolgreich, fühlst dich aber trotzdem leer und unerfüllt, dann mangelt es dir an weiblicher Energie. Bringe mehr weibliche Qualität in dein Leben.
- Wir leben in einer Welt, in der die weibliche Energie unterschätzt und abgewertet wird. Wir unterschätzen daher auch unsere Intuition, unser Vertrauen, die Liebe und das Spielerische im Leben. Doch die brauchst du, um wirklich erfolgreich und ultimativ reich zu sein.
- Die Männlichkeit in dir kann nur dann das Maximum in Bezug auf Geld oder Job herausholen, wenn das Weibliche

einen gleichwertigen Platz bekommt. Damit schöpfst du das volle Potenzial in dir aus.

♥ *Aktion: Stärke das Weibliche in dir*

- Jedes Mal, wenn du etwas geschafft oder erledigt hast, mach eine Pause und spüre, was du vollbracht hast. Atme dabei in deine Brust hinein.
- Nach jeder Tätigkeit mach kurz eine Pause, in der du dich nur auf dich und deinen Atem fokussierst. Atme in die Brust hinein und spüre dein Herz.
- Finde viele kleine oder große Tätigkeiten, die du liebst, und mach sie dann ganz bewusst.

♥ *Aktion: Stärke das Männliche in dir*

- Setze dir (finanzielle) Ziele, die sich gut und richtig anfühlen. Nimm dir vor, sie fokussiert anzugehen.
- Definiere überprüfbare Ziele in Form von Zahlen, Daten und Fakten.
- Nimm dir täglich eine Sache vor, die du ohne Wenn und Aber erledigst.

Hilf anderen NICHT!

Wenn man Menschen fragt, was sie mit mehr Geld anstellen würden, kommt bei vielen wie aus der Pistole geschossen: HELFEN! Sie würden am liebsten allem und jedem helfen. Sie würden ihrem Partner helfen, den Eltern ein neues Haus kaufen, die Kinder für immer absichern und reichlich spenden. Sie sehen es als Pflicht an, sich in Sozialem zu engagieren, Charity zu machen und für jeden die Privatbank zu sein. Und wenn sie es vielleicht einmal nicht tun, weil es sich doch nicht so gut anfühlt, dann meldet sich gleich das schlechte Gewissen.

Wer falsch hilft, der hilft nicht.

Und es gibt reichlich gute Gründe zu helfen! Dagegen ist nichts einzuwenden. Aber zu glauben, dass helfen immer gut ist, ist leider ein Irrtum.

Manchmal ist es besser, NICHT zu helfen. Es gibt nämlich genauso viele gute Gründe, nicht zu helfen.

♥ * * * ♥

♥ *Hier möchte ich dir einige Inspirationen geben:*

- Viele Menschen werden faul und kümmern sich nicht mehr um sich und ihr Wachstum, wenn man ihnen hilft und für sie sorgt. Sie beginnen träge zu werden und lassen sich komplett gehen. Sie kommen dann nicht weiter im Leben, entwickeln keine neuen Gedanken und Fähigkeiten. Jede Hilfe hält ihre fest eingefahrenen Gewohnheiten am Leben. Sie lernen auch nie, auf eigenen Beinen zu stehen, sondern werden von der Hilfe anderer abhängig wie ein Drogensüchtiger von seiner Droge. Willst du einen Menschen wirklich in einen solchen Zustand drängen und ihn darin festhalten, oder willst du ihm lieber klarmachen, es sei jetzt aber an der Zeit, dass er sich um seine persönliche Entwicklung kümmern muss?
- Jeder Mensch, besser gesagt jede Seele, will temporär auch negative Erfahrungen machen. Diese Erfahrungen helfen ihm, zu neuen Einsichten zu gelangen und sich selbst besser kennen zu lernen. Es ist daher wichtig, Menschen die Möglichkeit zu lassen, auch unglückliche Erfahrungen zu

machen. Wer sofort unweise hilft, der ermöglicht solchen Menschen nicht zu wachsen, sondern nimmt sie aus der Schule des Lebens heraus. Er macht sie zu Schulabbrechern, die nicht mehr zu Prüfungen antreten. Die Lernerfahrung geht verloren. Statt Geld brauchen solche Menschen seelische Unterstützung und Hilfe darin, wie sie leichter ihre Prüfungen meistern können.
- Nicht jedem Menschen will geholfen sein! Es gibt Menschen, die keine Hilfe annehmen wollen. Sie wollen nicht, dass man ihnen hilft, selbst wenn die Mitmenschen in ihrem Umfeld glauben, sie müssten etwas tun. Versuche stattdessen herauszufinden, warum du jemandem unbedingt helfen musst. Die beste Hilfe, die man leisten kann, besteht oft darin, den anderen so sein zu lassen, wie er ist. Oder noch besser: den anderen freizugeben, ihn ziehen zu lassen. Und sich wieder ganz auf sich selbst und seine eigenen Bedürfnisse zu besinnen.
- Nicht immer ist finanzielle Unterstützung der beste Weg zur Selbsthilfe. In den letzten Jahrzehnten wurde viel Geld in Entwicklungshilfe gesteckt, welche die Menschen weiterhin in Armut hält. Sie werden dazu erzogen, immer auf Spenden angewiesen zu sein. Stattdessen müsste man ihnen zeigen, wie sie selbst wieder ihr Leben meistern können. Das Beste ist in einem solchen Fall, Bewusstseinsarbeit zu machen, die den Menschen Mut, Kraft, Inspiration und neue Denkmuster nahebringt. Menschen brauchen viel mehr motivierende Vorbilder als finanzielle Spritzen.

♥ * * * ♥

Wenn du anderen unweise und selbstgefällig hilfst, ohne zu erkennen, ob und welche Hilfe überhaupt sinnvoll ist, dann richtest du mehr Schaden als Gutes an. Hilfe kann einen Menschen blockieren, selbst in Fahrt zu kommen, sich um sich selbst zu kümmern, das Leben in die eigene Hand zu nehmen und Lust auf Veränderung zu spüren. Hilfe kann einen Menschen in seiner trägen Komfortzone festhalten, wichtige Lebensprüfungen abnehmen, die er für seine Erfahrung machen sollte.

Helfen ist daher nicht immer gut und richtig. Es ist vielleicht an der Zeit, dass du dich zunächst um dich selbst kümmerst. Wenn es dir selbst gut geht, du in Balance bist, dein Leben glücklich und erfüllt lebst, erst dann kannst du ein Vorbild für andere sein.

Helfe dir daher selbst oder lass dir helfen. Lebe dein Leben! Und wenn dann jemand deine Hilfe braucht, kannst du frei entscheiden, was für dich stimmig ist.

♥ *Kerngedanken*

- Helfen ist gut, nicht helfen kann aber manchmal besser sein.
- Menschen, die ständig den Drang haben, anderen zu helfen, kümmern sich stets zu wenig um sich selbst.
- Helfen kann einen Menschen darin blockieren, voranzukommen und Verantwortung für sein eigenes Leben zu übernehmen.
- Wer falsch hilft, kann einen Menschen um wichtige Lebenserfahrungen bringen, die seine Persönlichkeit und Seele sich gewünscht haben.
- Hilf nur, wenn es sich für dich und den anderen gut anfühlt! Mach dir Folgendes vollkommen klar: Du bist nicht verpflichtet, jemandem finanziell zu helfen, wenn du es nicht willst. Wünsch ihm lieber Kraft und Mut und lass ihn dann frei ziehen.

- Die größte Hilfe, die du leisten kannst, ist selbst in deiner Balance zu sein und dein Leben glücklich und erfüllt zu leben. Dann wirst du zum Vorbild anderer.
- Wenn du um Hilfe gebeten wirst, handle nicht unüberlegt. Spüre in dich hinein, ob du es auch wirklich tun willst. Und wenn ja, zeige dem Menschen zuerst auf, welche Denkblockaden und Einstellungen ihn in diese Situation gebracht haben und wie er diese verändern kann. Das wird ihm mehr helfen als alles Geld der Welt.

♥ *Aktion*

Kümmere dich ab heute immer mehr um dich selbst. Schau, dass es dir gut geht! Schau, dass du dir selbst hilfst oder helfen lässt. Sorge einmal nur für dich selbst. Wenn du kleine Kinder oder Tiere hast, dann bleib weiterhin für sie verantwortlich. Achte aber darauf, ob du dich unterstützen lassen kannst, so dass du dich immer mehr um dich selbst kümmerst. Kümmere dich um deine eigenen Finanzen, deine eigenen Wünsche, deine eigenen Ziele. Richte den Fokus nur auf dich selbst. So wirst du ein Vorbild für die anderen, und auf diesem Weg wirst du dann erfolgreich und leicht helfen können.

Sei spirituell & materiell zugleich!

Materialisten richten ihre Aufmerksamkeit auf Wertsachen, Vermögensgegenstände und Statussymbole. Spiritualisten konzentrieren sich dagegen auf geistige Einsichten und Errungenschaften und das Erkennen ihrer eigenen Göttlichkeit. Sollte man besser ein Materialist oder ein Spiritualist sein? Die Antwort ist ganz einfach: Wer vollkommen sein will, muss beides leben.

Ähnlich verhält es sich mit »glücklich« und »erfolgreich«. Um glücklich zu sein, muss man nicht unbedingt Geld haben. Menschen in armen Ländern wirken oft herzlicher und glückseliger als die meisten im reichen Europa. Glückliche Menschen kümmern sich vorwiegend um tiefe Einsichten ihres Selbst. Sie streben die Einheit mit ihrer Umwelt an. Viele Menschen in ärmeren Ländern praktizieren täglich Spiritualität, Meditation, Barmherzigkeit, Ahnenrituale, Vergebung und Achtsamkeit. Und sie sind glücklich.

Geld und Erfolg sind ein Tanzpaar. Um erfolgreich zu sein, muss man wenigstens den Eindruck haben, dass es einem finanziell gut geht. Materielle Bedürfnisse gehören gestillt. Wir müssen uns daher überlegen, was uns im Leben an materiellen Erfolgen wichtig ist. Die Frage lautet hier wieder: Möchtest du glücklich oder erfolgreich sein? Die Antwort: Wer vollkommen sein will, will beides.

Materialisten können finanziell reich sein, seelisch und psychisch sind sie jedoch arm, wenn sie sie sich nicht spirituell weiterentwickeln. Und Spiritualisten können keine Vollkommenheit erlangen, wenn sie nicht ihre materielle Seite annehmen und zulassen. Ohne Spiritualität gibt es nämlich keinen Materialismus. Und ohne Materialismus wüssten wir nicht, dass etwas spirituell ist. Also braucht beides das jeweils andere, um in unserer menschlichen Welt zu existieren. Je besser du die Nacht kennst, desto bewusster wird dir das Tageslicht sein. Und je mehr du über den Tag erfährst, desto klarer wird dir dann, dass es jetzt dunkel ist.

Es ist sinnlos, die Nacht zu verneinen und ihr aus dem Weg zu gehen. Sie zeigt sich täglich. Deine materielle Seite in dir zu verneinen, bedeutet gleichzeitig, dass du deine Spiritualität auch nicht voll ausleben kannst. Und wenn du glaubst, dass du besser bist als jemand, der weniger spirituell ist als du, dann hat dich dein spirituelles Ego geblendet. Du identifizierst dich mit einem Teil in dir, der andere verurteilt und abwertet. Denke aber nicht, dass du dadurch erleuchtet wirst, wenn du auf den ganzen Materialismus verzichtest.

Erst wenn du wirklich materialistisch bist, kannst du deine spirituelle Seite richtig kennenlernen. Und als spiritueller Mensch kannst du lernen, alles Materielle klarer zu erforschen und dadurch auch geistig noch stärker zu wachsen.

Du darfst beides wollen! Viele Spirituelle rechtfertigen sich, wenn sie beispielsweise Geld wollen. Sie denken, es sei nicht in Ordnung, sich Geld zu wünschen. Geld muss immer mit Liebe oder Sinnhaftigkeit verknüpft sein. Einfach nur Geld zu wollen ist in den Augen vieler zu materialistisch. Es ist aber völlig in Ordnung, manchmal nur Geld zu erstreben. Nur wenn du die materielle Seite an dir genau kennenlernst, bist du überhaupt fähig, neue spirituelle Wege zu gehen und über materielle Blockaden hinauszuwachsen. Ein simples Beispiel: Willst du eine neue Ausbildung machen oder ein Retreat im Bereich Spiritualität besuchen, um dich als spiritueller Heiler weiterzuentwickeln, brauchst du den materiellen Hintergrund, um das zu bezahlen.

Getrenntheit von Spiritualität und Materialismus entspricht auch nicht der ganzen Wahrheit. Jeder Vermögensgegenstand und jede Wertsache musste einmal kreiert werden. Das heißt, jemand hatte eine zündende Idee im Kopf, etwas zu erschaffen, und gestaltete daraus etwas Bestimmtes. Irgendein Gedanke, eine Eingebung, ein Impuls wurde also in die Materie umgewandelt. Und wo kam dieser Gedanke her? Aus der spirituellen Welt, egal ob es deine Seele war, dein Geistführer, dein spirituellen Helfer oder Engel. Der Ursprung jeglicher Sache ist spirituell.

Irgendwer hatte einmal die Idee, Münzen zu prägen, Autos zu bauen, Häuser zu errichten und Wertpapiere auszugeben.

Der Gedanke entstand zunächst im Geist und wurde dann immer mehr zur Wirklichkeit. Jede Sache entspringt also einem höchst spirituellen Akt. Und all jene Sachwerte, die unser Leben bereichern, verschönern, balancieren, erleichtern, heilen, beglücken und inspirieren, kommen aus höheren Eingebungen, die diese Menschen hatten, Menschen, die eben dies erschufen. Es gibt folglich keine Trennung zwischen Spiritualität und Materialismus.

Beides entspringt ein und derselben Schöpferquelle.

♥ *Kerngedanken*

- Materialismus würde ohne Spiritualität gar nicht existieren. Alle Materie hat ihren Ursprung nämlich im Geist. Sie entstand aus einer zündenden Idee, einem Gedanken spirituellen Ursprungs.
- Spiritualität ist nicht wichtiger als Materialismus, und umgekehrt gilt das Gleiche. Sie sind gleichwertig. Man sollte daher nach beidem streben, beides sein, wenn man Vollkommenheit erlangen will.
- Die materielle Seite in uns zu verneinen bedeutet, unsere spirituelle Essenz abzulehnen. Wer spirituell sein will, muss nämlich auch seine materielle Seite kennen. Umgekehrt genauso.
- Wer glaubt, dass er besser ist als jemand anderer, nur weil er materieller oder spiritueller ist, der denkt aus dem Ego heraus.

♥ *Aktion*

Wenn du dich als spirituellen Menschen siehst, dann mache heute oder diese Woche etwas rein Materialistisches, was dir

Freude bereiten könnte. Mach eine Shopping Tour, gehe schick essen oder auf eine (nicht spirituelle) Party. Umgib dich mit schönen, protzigen Dingen und Orten. Entdecke deine materielle Seite ganz neu. Und erkenne auch, wie dich diese Erfahrung sogar spirituell bereichert.

Und wenn du dich bisher vorwiegend in der materiellen Welt bewegt hast, probiere ebenfalls etwas Neues. Gehe meditieren, mach Yoga, beschäftige dich mit spirituellen Weisheiten, besuche Tempel, Klöster und andere spirituelle Kraftorte, höre Mantren und lasse dich von ihnen berühren. Folge deiner Seele, drücke dich kreativ aus.

Durchschaue den Mangel!

Ein Leben in Mangel kann einen erschlagen. Es kann einen lebensmüde machen. Ein Leben in Mangel bedeutet, nicht genug zu haben. Nicht genug Geld, nicht genug Einnahmen, nicht genug Platz, aber auch nicht genug Liebe, Fürsorge, Freude und Spaß im Leben. Oder auch von Menschen umgeben zu sein, die von allem immer zu wenig haben. Es führt einem vor, wie ein Leben im Mangel aussieht.

Für Geld wird gestritten, gekämpft, gejagt, hintergangen und gelitten, dafür werden Kriege geführt, destruktive Konkurrenz und Missbrauch getrieben, ungesunde Beziehungen geführt. Jemand, der das macht, denkt und fühlt sich arm. Er glaubt, dass nicht genug da ist und er somit einen Kampf mit dem Leben führen muss, um dem Mangel zu entgehen. Doch wer vor dem Mangel flüchtet, der hat in Wahrheit Angst vor etwas, das eigentlich nicht existieren dürfte.

Mangel ist ein menschliches Phänomen und keinesfalls die letzte Wahrheit.

Die Natur und das Universum kennen keinen Mangel. Dort herrscht ewige Fülle, die sich ständig erneuert und ausdehnt. Mangel ist eine menschliche Erfahrung. Wir haben sie uns selbst erschaffen. Sie kann lehrreich sein. Sie hilft uns zum Beispiel, die Sehnsucht nach völliger Freiheit zu erkennen und aus Begrenzungen herauszutreten. Mangel ist aber nicht die letztgültige Wahrheit. Im Mangel kann nämlich kein Mensch sein volles Potenzial leben oder sein Leben ganz und gar ausleben. Daher ist Mangel nur ein Zwischenschritt zur ultimativen Wahrheit – der Fülle!

Wenn du weißt, glaubst, fühlst und lebst, dass du alles hast, in dir und um dich herum, und dass für andere immer genug da ist, dann bewegst du dich im Bewusstsein des ultimativen Reichtums. Du bist endlich angekommen. Jetzt kannst du ganz und vollkommen sein. Alles davor war lediglich eine Vorbereitung.

Das eine ist wünschen, das andere, sich zu entscheiden.

Jeder Mensch will ein Leben in Fülle führen. Jeder Mensch will die Freiheit besitzen, alles zu sein und zu tun, was ihn an Erfahrungen reicher macht. Doch das eine ist, es sich zu wünschen, davon zu träumen, es zu visualisieren oder die Sehnsucht danach zu haben, etwas anderes aber, sich dafür zu ENTSCHEIDEN und den Weg des ultimativen Reichtums zu gehen, ohne Kompromisse.

Diesen endgültigen Entschluss zu fassen, bringt dich auf ein neues Level. Du musst dich dafür entscheiden, dein Leben *frei* zu führen. Du musst den Entschluss fassen, selbst im Wohlstand leben zu wollen und vom eigenen Reichtum und dem anderer umgeben zu sein. Eine Entscheidung ist kein Wunsch, sie ist eine Willenserklärung. Du bist *willens*, die eigene Wirklichkeit des Mangels zu verlassen und auch an den Mangel anderer nicht mehr zu glauben. Denn du weißt, es ist nur eine Etappe, nicht die letzte Wahrheit.

Entscheide dich *jetzt*, ein Leben in Fülle zu führen. Triff für dich die Entscheidung, den Schritt aus dem Mangel heraus zu wagen und Reichtum zu erschaffen. Nimm dir vor, in ein neues Umfeld einzutreten, in dem Wohlstand, Fülle, Liebe und Freiheit herrschen. Beginne so gut wie möglich, den Reichtum, der schon da ist, anzuerkennen. Wo ist bereits Reichtum in und um dich herum? Lasse ihn sich immer weiter ausdehnen.

Es ist dein ureigenes Geburtsrecht, aus der Wirklichkeit des Mangels herauszutreten.

Wie fühlt es sich an, wenn du glaubst, dass du selbst zu wenig hast oder anderen etwas wegnehmen musst? Wie fühlt es sich an, wenn du der Meinung bist, dass sowohl du als auch andere keinen Anspruch auf ein Leben in Reichtum und Fülle haben? Wie fühlt es sich an, wenn du dir selbst oder anderen etwas nicht gönnst? Es fühlt sich schwer an. Ohnmacht, Einschränkung, Leid sind die passenden Wörter. Und was glaubst du, in welcher Realität du dich gerade bewegst? Genau, in der Realität des Mangels.

Deine Aufgabe ist es nun, nicht nur die Entscheidung zu treffen, aus dem Mangel herauszutreten, sondern auch ultimativen Reichtum in dir und für dich zu leben. Und dir sogar andere Menschen in ihrem ultimativen Reichtum vorzustellen – auch wenn sie ihn gerade nicht leben.

Experimente an Schulen haben gezeigt: Wenn man durchschnittliche Kinder als »schlau« ansieht und entsprechend behandelt, werden sie tatsächlich schlauer. Aber wenn man sie als »Dumme« behandelt, werden sie dümmer. Derselbe Effekt ist bei Erwachsenen zu finden. Auch Erwachsene muss man manchmal so sehen, wie sie sich selbst noch nicht sehen – sie in ihrem vollen Potenzial sehen und anerkennen.

Und so musst du dich auch selbst sehen!

Gehe mit dieser Einstellung auf andere zu. Damit hilfst du ihnen, und dir selbst, aus dem Mangel herauszutreten.

♥ *Kerngedanken*

- Das Universum und die Natur kennen keinen Mangel. Alles vermehrt sich und dehnt sich aus.
- Der Mensch will aber auch menschliche Erfahrungen machen. Und Mangel ist so eine Erfahrung.
- Wer genug von seiner Mangelerfahrung hat, der darf sich nun entscheiden, aus dem Leben im Mangel herauszutreten.
- Mangel ist nur eine Zwischenetappe in deiner Entwicklung. Ultimativer Reichtum ist deine letzte Wahrheit.
- Ultimativer Reichtum zeigt sich in einem reichem Innen- und Außenleben. Das bezieht auch alle anderen Menschen mit ein. Es ist eine Wirklichkeit, in der Mangel nicht mehr existiert.

♥ *Aktion*

Triff eine ultimative Entscheidung und fasse sie für dich in Worte. Hänge sie deutlich sichtbar auf und trage sie bei dir. Eine Entscheidung ist eine Willenserklärung, kein »es wäre schön«. Deine Aufgabe besteht jetzt darin, alles zu sein und zu tun, um deine Entscheidung Wirklichkeit werden zu lassen.

»Ich, (NAME), entscheide mich hier und jetzt, ein Leben in materiellem und spirituellem Reichtum zu führen, in dem ich mein volles Potenzial bestmöglich zum Ausdruck bringe. Danke.«

Verlange Geld für deine Berufung!

Es gibt wohl keine größere Liebeserklärung an das Geld, als es mit Liebe zu verdienen. Und die größte Liebeserklärung an dich selbst ist, einen Job zu machen, bei dem du förmlich aufblühst. Gehe einer Arbeit nach, die du vergötterst. Gehe keine Kompromisse ein bei der Wahl deines Jobs. Du kannst dir jeden Job kreieren, den du willst. Du *kannst* dir deinen Job kreieren. Und wenn du dich einschränken lässt, dann wisse, dass es nur vorübergehend ist, weil es gerade nicht anders geht. Behalte also stets dein Ziel vor Augen: Deine wahre Berufung zu leben, kompromisslos.

Deine Berufung ist deine Mission. Sie ist *dein Ding*. Sie gehört nur dir allein. Niemand kann sie dir wegnehmen. Hier bist du frei vom Geschnatter anderer. Mitbewerber kommen nicht nach, und Feinde können dir nichts anhaben. Du weißt einfach, was du zu tun hast. Was dein Beitrag zum Ganzen ist. Eine Mission ist etwas, das sowohl dich als auch das Leben anderer Menschen, Tiere oder Pflanzen immens bereichert. Eine Mission beflügelt dich, deine Talente, deine Gaben und deine Kreativität. Sie entzündet dein inneres Feuer, deine pure Passion und Lust. Gehe deiner Mission nach. Suche solange, bis dir klar ist, was deine Mission ist.

Darf man für seine Berufung auch Geld verlangen? Für einen Job, der anderen so sehr hilft und durch den man selbst aufblüht? JA!

Viele Menschen machen Millionen mit einer Tätigkeit, die anderen schadet und unter der sie sogar selbst leiden. Warum sollst du dann kein Geld dafür bekommen, etwas zu tun, das Menschen mit Energie, Kraft, Mut und Zuversicht bereichert? Wenn du Geld für eine Arbeit verlangst, die du verabscheust, warum sollst du es dann nicht für eine Tätigkeit machen, die du über alles liebst?

Das kann eine Herausforderung sein. Deine Mission, deine Berufung fühlt sich nämlich nicht nach Arbeit an. Sie ist alles andere als ein Job, wie man ihn definieren würde: Man schaut nicht bei jeder Pause auf die Uhr und rechnet nach, wie viele Minuten es bis zur nächsten Unterbrechung sind. Man zählt nicht die Tage bis zum nächsten Feiertag oder Urlaub. Man freut sich mehr auf den Montag, an dem man endlich wieder arbeiten kann, als auf den Sonntag. Man zählt nicht, wie viele Jahre es noch bis zur Pension sind, sondern findet auch im hohen Alter noch neue Ideen und Projekte, die man unbedingt anpacken möchte. Man fühlt sich nach einem Arbeitstag gestärkt, erfüllt und glücklich.

Wenn du deiner Mission ehrenamtlich nachgehst oder für wenig Geld, dann ist das deine persönliche Entscheidung, die durchaus richtig sein kann. Ich empfehle jedoch, reichlich Geld für deine Berufung zu verlangen. Warum? Weil du Geld für etwas bekommst, was du so sehr liebst. Und je mehr du etwas liebst, desto besser bist du darin und desto mehr steht dir auch als Belohnung zu. Du gibst viel. Mehr als jemand, der seinen Job nur aus rein rationalen Gründen macht. Es ist wichtig, dass dein Geben ausbalanciert ist. Und Geld ist dafür bestens geeignet. Es ist ein Tauschmittel, das genau für solche Zwecke gedacht ist. Es steht dir reichlich von diesem Tauschmittel zu, denn im Gegenzug gibst du auch viel an Liebe, Passion, Erheiterung und Hilfe.

Ich lade dich also ein, deine Fähigkeiten, Talente und Gaben zu entdecken und weiterzuentwickeln. Eigne dir alles an, was du brauchst, um deine Mission erfüllen zu können. Für deine Mission kannst du dir nie genug Wissen aneignen. Du bist ständig am Lernen. Also wirst du wahrscheinlich das Gefühl haben, noch nicht ganz bereit zu sein, deine Mission als Job auszuüben. Doch, das bist du! *Learning by doing.* Das gilt auch für deine Mission. Und du machst sie mit so viel Liebe und Passion, dass du allein dadurch bereits sehr viel bewirken wirst. Beginne jetzt und gehe einen Schritt nach dem anderen.

Löse dich von Erwartungen deiner Eltern oder Mitmenschen, verabschiede dich von kommerziellen Beruftrends und traue schon gar nicht irgendwelchen Statistiken. Höre lieber auf dein Herz. *Du kannst mit allem gutes Geld verdienen, solange du deinen gesunden Selbstwert und den hohen Wert deiner Arbeit ausstrahlst.*

Es gibt so viele Menschen auf dieser Erde, die mit einem Job Geld verdienen, den sie verachten und am liebsten gar nicht machen würden. Sie leben von einem Wochenende zum nächsten, von einem Urlaub zum anderen und sind mit ihren Gedanken immer in der Zukunft. Nimm sie nicht als Vorbild, sondern werde selbst zu einem Vorbild, indem du deine Berufung lebst.

Beginne mit einem Honorar oder Gehalt, das sich gut anfühlt. Je mehr du an Erfahrung, Selbstwert, Wirkkraft und Ausstrahlung gewinnst, desto höher wird auch dein Wert sein. Lerne von anderen, zu wachsen. Suche dir Mentoren und Vorbilder, die deine Ziele bereits erreicht haben, und lerne von ihnen. Und lass alle, die deiner Mission im Wege stehen, links liegen. DU bist hier, um GROSS sein zu dürfen. Lasse dich nicht von frustrierten Mitmenschen herunterziehen, die sich nicht trauen, ihren eigenen Traum zu leben.

Der beste Weg, seine Berufung frei von jeder Einschränkung zu leben, ist sich selbstständig zu machen. Selbstständigkeit ist das beste Selbst-Coaching und Motivationsprogramm, das ich kenne. Du übernimmst die volle Verantwortung für dich, deine Berufung und deine Träume. Kein anderer steht dir mehr im Weg.

Du musst aber nicht alle Fehler der Selbstständigkeit neu erfinden. Lerne vielmehr von denen, die es geschafft haben. Hole dir die richtigen Berater und Mentoren, um nicht in die Fallen einer naiven Selbstständigkeit zu fallen und unnötig Energie, Zeit und Aufwand zu verlieren. Informiere dich in Büchern und Seminaren. Die Welt des Wissens steht heutzutage allen offen.

♥ *Kerngedanken*

- Deine Berufung ist deine Mission. Sie will gelebt und zum Ausdruck gebracht werden. Dann macht das Leben Sinn und Geldverdienen genauso.
- Eine Mission fühlt sich nicht nach Arbeit an. Du kannst sie ehrenamtlich und gering bezahlt verrichten. Du kannst aber genauso hohe Honorar und Preise verlangen. Beides kann richtig sein.
- Mit deiner Mission gibst du viel. Das viele Geld, das du dafür bekommst, kann wunderbar das ausgleichen, was du gibst.
- Je mehr du wächst an Wirkkraft, Ausstrahlung, Erfahrung und Fähigkeiten, desto höher müssen auch deine Preise oder Gehälter werden, denn desto größer ist dein Erfolg.
- Fange bei deinem Honorar bei einer Zahl an, die sich gerade gut anfühlt, und verlange dann immer mehr, stets in kleinen Schritten, die sich für dich stimmig anfühlen.
- Die größte Liebeserklärung, die du dem Geld machen kannst, ist eine Arbeit aus Liebe zu machen.
- Entscheide dich für einen Job, den du liebst, vergötterst, verehrst, wertschätzt. Wenn du das nicht tust, bist du noch nicht angekommen. Versuche es noch einmal.

- Du darfst alle Gaben, Fähigkeiten und Talente in dir voll zur Entfaltung bringen. Suche dir auf deinem Weg inspirierende Mentoren, die deine innere Schatzkiste gemeinsam mit dir öffnen.

♥ *Aktion*

Wie schaut dein Beruf aus, mit dem du tust,
- WAS du willst,
- WIE du es willst,
- WANN du es willst und
- mit WEM du es willst?

Erlaube dir zu träumen. Alles ist möglich. Und wenn es den Job noch nicht gibt, den du dir erträumst, dann erschaffe ihn dir. Träume sind der erste Schritt in die Realität.

Finde den nächsten kleinen Schritt, den du gehen kannst, um diesem Ziel näher zu kommen. Und gehe ihn jetzt. Stell dir täglich die Frage, wie dein Beruf ausschaut, und gehe immer einen kleinen oder großen Schritt weiter.

Liebe dich selbst und dein Geld!

Und ernenne dich selbst zum besten Freund. Du bist die wichtigste Person in deinem Leben. Wenn du gut mir dir umgehst, dich ehrst und achtest und liebevoll zu dir selbst bist, erst dann kannst du harmonisch mit anderen zusammenleben.

Wenn du dich selbst liebst, gehst du gut mit dir um. »Ich fühle mich wohl in meiner Haut«, würde dein Körper dann sagen. »Ich gehe gut mit mir um«, würde dein Geist beipflichten, und »Ich liebe mich voll und ganz« würde deine Seele bekennen. Das bedeutet auch, dass du nichts mehr für andere tust, was sich nicht gut für dich anfühlt. Warum? *Aus Liebe zu dir selbst.* Und die Beziehung zu dir selbst ist so stabil, dass du nicht mehr die Bestätigung anderer brauchst. Du kannst gut mit dir, und das reicht erst einmal. Wenn ein anderer oder eine andere ebenfalls gut mit dir kann, dann weißt du das zu schätzen. Wenn nicht, ist es aber auch nicht weiter schlimm. Vielleicht nimmt man dich sogar als Vorbild, weil du zu dir stehst und dich liebst, wie du bist.

Auf dem Weg zur Selbstliebe ist es einfach, Dinge an dir zu mögen, die angenehm, schön und gut sind. Doch was ist mit deinen dunklen Seiten? Wie steht es um deine Ängste, Zweifel, Geheimnisse und Begierden, von denen du selbst nichts wissen willst? Sie sind auch ein Teil von dir. Wer nur die schönen Seiten an sich mag, der mag sich nur halb. Wer aber alle Seiten an sich akzeptiert, der liebt sich ganz.

Jeder Mensch besteht aus Licht und Schatten. Wenn du beides voll annimmst, kann der Schatten an die Oberfläche dringen und dir positiv dienen. Du hast dann nichts mehr zu verheimlichen, zu verbergen oder zu verschleiern. Denn du weißt, dass du als Mensch beide Seiten sein darfst. Jetzt erst beginnst du, dich *ganz* zu fühlen.

Selbstliebe zeigt sich daran, dass du dich ganz fühlst. Der Weg dorthin geht über die Akzeptanz.

Akzeptanz ist der Schlüssel zum Tor der Selbstliebe. Akzeptanz heißt, dass du ehrlich erkennst und anerkennst, was *jetzt* in dir geschieht. Du kannst bejahen, was gerade ist. Wenn du Widerstand spürst, hältst du kurz inne und nimmst diesen Widerstand bewusst und ohne zu urteilen wahr. Damit akzeptierst du, dass er gerade da ist. Er ist ein Teil von dir und will sich ausdrücken. Das lässt du zu, denn du willst ganz werden. Und mit deiner Akzeptanz kann der Widerstand leichter und weicher werden.

Willst du etwas nicht, hältst du kurz inne und akzeptierst diesen Widerstand in dir. Achte dann darauf, wie sich dein Widerstand entwickelt. Entweder wird er noch klarer, und du wirst zu deinem Nein stehen können, oder er verwandelt sich in ein großes Ja. Beides ist in Ordnung, solange du voll und ganz dahinter stehst.

Im besten Fall gehst du die meiste Zeit liebevoll, respektvoll, wertschätzend und verzeihend mit dir um. Du spürst die Liebe zu dir selbst. Du hast das Gefühl, dass du gut mit dir kannst. Du magst dich. Du liebst dich. Du umarmst dich. Du streichelst dich. Du pflegst dich. Du cremst dich ein. Du lobst dich selbst. Du lachst mit dir selbst. Du nimmst dich manchmal auf den Arm. Du hast Spaß mit dir allein. Du bist dir selbst dein bester Freund. Dann bist du frei, dein Leben selbst zu gestalten. Und du gibst anderen die Erlaubnis, dass sie nicht mehr ihr Leben nach deinen Erwartungen ausrichten müssen. Diese Beziehung mit dir selbst ist heilsam.

Und wenn du gut mit dir selbst umgehst, gehst du auch mit anderen respektvoll um. Jeder Mensch ist nur ein Spiegel davon, wie er selbst zu sich ist.

Auch deine Beziehung zu Geld zeigt nur, wie du mit dir selbst in Beziehung stehst.

Wenn du gut mit dir umgehst, gehst du auch gut mit Geld um. Es gibt nichts, was du am Geld ablehnst, denn du lehnst an dir selbst nichts ab. Du fühlst dich *ganz*, und Geld fühlt sich genauso vollkommen an. Wie du mit Geld umgehst, zeigt einfach nur, wie du zu einem oder mehreren Aspekten deines Selbst in Beziehung stehst.

Du kannst eine Beziehung zu Geld unterhalten, wenn du eine Beziehung zu dir selbst unterhältst. Du kannst Geld für Sinnvolles in deinem Leben nutzen, wenn du den tieferen Sinn deines Daseins erkannt hast. Und du kannst Geld für etwas

Gutes einsetzen, wenn du mit dir selbst im Reinen bist. Deine Beziehungsfähigkeit mit anderen hängt davon ab, wie beziehungsfähig du mit dir selbst bist.

Du musst also mit dir selbst sehr intim sein können.

Entscheide dich, dich selbst und das Geld zu lieben. Liebe dich und das Geld. Glücklichsein bedeutet, dein Leben voll zu leben. Und du kannst dein Leben nur dann voll ausleben, wenn du wieder ganz wirst.

♥ *Kerngedanken*

- Du selbst bist dein bester Freund. Behandle dich selbst, wie du mit einem besten Freund umgehen würdest. Nimm dir daher auch Zeit für dich allein. Lerne, eine wundervolle Zeit mit dir zu haben.
- Wenn du dich selbst magst, tust du für andere nichts mehr, was sich für dich nicht gut anfühlt. Aus Liebe zu dir selbst. Du bist auch nicht mehr auf die Bestätigung anderer angewiesen. Und das hilft dem anderen weiter, denn er wird von dir lernen, selbstständig zu sein und sich für sich selbst einzusetzen.
- Du bist ein Mensch und daher voller Licht und Schatten. Liebe nicht nur dein Licht, auch deinen Schatten. Akzeptanz kann dir helfen, dich ganz zu fühlen. Und du fühlst dich dann ganz, wenn du sowohl deine lichten als auch deine dunklen Seiten bejahst.
- Glücklich sein heißt, dass du dein Leben voll lebst. Und das geht nur, wenn du dich zur Ganzheit bewegst.
- Deine Beziehung zu Geld zeigt einen Aspekt von dir selbst, mit dem du in Beziehung stehst. Du kannst beziehungsfähiger mit anderen und dem Geld werden, wenn du die Beziehung zu dir selbst intimer gestaltest.

♥ *Aktion*
......

Wann warst du das letzte Mal mit dir allein und hattest dabei eine wundervolle Zeit? Das kannst du jetzt nachholen: Finde Aktivitäten und Tätigkeiten, die du vergnüglich allein machen willst. Gehe mit dir allein ins Kino, Restaurant, in eine Bar oder mache einen Spaziergang durch dein Lieblingsviertel. Stell eine Liste auf, was du alles mit dir allein tun oder erleben möchtest, und finde regelmäßig Zeit, diese Liste zu leben. Du kannst auch deinen Urlaub für dich allein planen. Mach solange etwas mit dir allein, bist du gelernt hast, die Zeit mit dir selbst, ohne Ablenkung, zu genießen.

Hole dir deine Kraft und Macht zurück!

Kann es sein, dass du irgendwann beschlossen hast, deine Kraft und Macht abzugeben? Wie sonst erklärst du es dir, dass du Opfer deiner Lebensumstände oder die Marionette anderer geworden bist, statt dich in deiner Kraft zu fühlen? Anscheinend wollte ein Teil von dir erfahren, wie es ist, sich machtlos und ohnmächtig zu fühlen. Dieser Teil wollte sehen, wie es ist, ein schwaches, niederes und ausgeliefertes Wesen zu sein. So geht es nicht nur dir. Viele Menschen kämpfen damit, ihr Leben nicht selbstbestimmt führen zu können.

Ein Leben ohne Eigenmacht hat auch seine Vorteile. Alles, was dir zustößt und du erlebst, geschieht dann außerhalb deiner eigenen Verantwortung. Das Leben nimmst du als Zufall und gegeben wahr, worauf du keinen Einfluss hast. Wenn es nicht so ist, wie du es dir wünschst, liegt die Schuld bei jemand anderem. Der Preis für dieses Leben: Ohnmacht und Abhängigkeit. Die Ernte: keine Eigenverantwortung tragen, sich nicht in Frage stellen müssen, nicht zu wachsen brauchen. Immer mehr Menschen wollen damit Schluss machen und endlich so leben, wie ihr Herz es sich ersehnt.

Wir wollen in dieser neuen Zeit die Erfahrung machen, wie es ist, ein schöpferisches und machtvolles Wesen zu sein. Wir wollen verstehen lernen, wie wir unser Leben selbst schmieden. Wir sehen unsere Umstände und Ereignisse im Leben als Spiegelbild unserer bewussten und unbewussten Entscheidungen sowie Absichten. Daher gibt es auch keine Täter oder Sündenböcke mehr. Wir wissen, dass alles, was uns im Leben begegnet, wir selbst erschaffen haben. Einige könnten dies als Druck empfinden, doch es bedeutet in Wahrheit, dass du die volle Macht hast, dein Leben so zu gestalten, wie du es willst.

Womit erschaffst du? Mit all deinem Sein und Tun: deinen Worten, deinen Gedanken, Gefühlen, Emotionen, Entscheidungen, Absichten und Taten. Sie haben dich zu dem gemacht, wer du jetzt bist. Und sie können dich zu dem machen, der du einmal sein möchtest.

Du fühlst dich aber immer noch machtlos, ohnmächtig, kraftlos und ausgeliefert? Das bist du nicht! Es sind Fremdenergien, Einflüsse von *Außen*. Du musst dich lediglich daran erinnern, wer du wirklich bist. Du musst nur akzeptieren, dass du irgendwann einmal all deine Kraft und Macht abgegeben hast, damit du die Erfahrung des Ausgeliefertseins machen kannst. Das gehört anscheinend zu der Erfahrung, welche die Menschheit machen wollte.

Nun hast du es gelebt und daraus gelernt. Du kannst also beschließen, den nächsten Abschnitt deines Lebens zu beginnen, in dem du frei entscheidest und dir deine Macht zurückholst. Die meisten von uns haben genug von der Ohnmacht. Wir wollen uns wieder an unsere Macht der Selbstbestimmtheit erinnern. Wir wollen uns wieder daran erinnern, wer wir wirklich sind und wie wir unser Leben selbst in die Hand nehmen können.

Akzeptiere, dass du irgendwann einmal all deine Macht und Kraft an jemanden oder etwas abgegeben hast. Du hast deine Erfahrungen gesammelt. Und jetzt ist es an der Zeit, dass du diesen Menschen und Wesen all das wieder entziehst, was du ihnen einmal (un)freiwillig, wenn auch unbewusst, übergegeben hast, und dass du dein neues Leben beginnst.

Denke diese Gedanken: »Ich akzeptiere, dass ich euch all meine Macht und Kraft gegeben habe. Ich akzeptiere, dass ich mich als ohnmächtig, ausgeliefert und fremdbestimmt erleben wollte. Aber jetzt hat das sein Ende. Ich habe meine Erfahrungen gesammelt. Ich gehe den nächsten Schritt, und dafür entziehe ich allen meine Machtübergabe und nehme ab jetzt all meine Macht und Kraft wieder zu mir zurück. Ich will jetzt erfahren, wer ich wirklich bin, mich als Macher und Schöpfer meines Lebens verstehen und liebevoll die Verantwortung für all meine Erfahrungen übernehmen. Danke.«

Nur gute Menschen haben Angst davor, ihre Macht zu missbrauchen.

Einige tun sich noch schwer damit, sie zurückzunehmen, diese Macht. Das liegt daran, dass sie Angst davor haben, ihre Macht missbrauchen zu können, wenn sie wieder ihr Urheber werden. Wenn dir das Sorgen bereitet, kannst du davon ausgehen, dass du einen Machtmissbrauch *nicht* betreiben wirst. Diejenigen, die das tun, machen sich selten Gedanken über Missbrauch, noch haben sie Angst davor, etwas oder jemanden auszunutzen. Und was ist eigentlich die Alternative? Ohnmacht, Machtlosigkeit, Fremdbestimmtheit und Schuldzuweisungen. Du bist dir dessen bewusst, was du mit deiner Macht alles bewirken kannst, und das macht, dass du sie auch bewusst einsetzen wirst. Für dich und für die anderen.

Achte auf dein Herz, wenn du bewusst erschaffst. Wenn die Stimme deines Herzens ein eindeutiges Zeichen gibt, dass du jenes tun oder lassen solltest, dann bist du weit weg davon, deine Macht zu missbrauchen. Du nutzt sie stattdessen so, wie es dein Recht als Mensch und spirituelles Wesen ist. Du nutzt sie verantwortungsvoll. Erschaffe mit deinem Herzen, und deine Macht wird dir zum Segen.

♥ *Kerngedanken*

- Der Mensch sieht sich als ein machtloses und ausgeliefertes Opfer seiner Lebensumstände. Er ist derzeit noch ein fremdbestimmtes Wesen, das diese Erfahrung aber auch machen will.
- Wer so lebt, der hat die Verantwortung und Macht für sein Leben abgegeben. Er hat sein Leben an Eltern, Familie, Partner, Nachbarn, Politiker, Wirtschaftsmächte und sonstige Sündenböcke abgetreten. Daher tragen auch sie die Schuld, wenn etwas nicht so ist, wie wir es im eigenen Leben haben wollen.
- Deine Macht an andere abzugeben und zu warten, bis sie etwas für dich tun und dein Leben ändern, macht dich selbst machtlos.
- Doch viele Menschen wollen nicht mehr so leben. Sie haben es satt. Sie wollen wieder ihre Macht und Verantwortung zurückerlangen, mit der sie ein selbstbestimmtes Leben führen können.
- Viele sind noch zaghaft, wenn es darum geht, ihre Macht ganz zu sich zu nehmen. Sie haben Angst davor, sie für etwas Böses und Dunkles zu missbrauchen. Doch sie haben nichts zu befürchten. Sie sind meistens so reflektiert, dass sie ihre Macht für etwas Gutes einsetzen werden.

Und sie erschaffen mit dem Herzen. Damit sind sie stets auf der sicheren Seite.

♥ *Aktion*

NIMM ALL DEINE MACHT WIEDER ZU DIR ZURÜCK!
Bei jeder Tätigkeit frage dich: Will ich es so, oder will ich es nicht? Und entscheide dich dann für das, was du willst, oder finde Alternativen, mit denen du glücklich bist.

Erschaffe ultimativen Reichtum in 13 Schritten

Nutze diese 13 Schritte, um dein Leben wieder selbstbestimmt zu gestalten.

Schritt 1: *Wähle den richtigen Ausgangspunkt*

Die meisten Menschen sind es gewohnt, mit Druck, Mühe und Stress zu arbeiten, um etwas zu erreichen. Das ist der Ausgangspunkt, durch den sie ihre Ziele und Wünsche verwirklichen möchten. Sie wollen erfolgreich in allen Bereichen sein, sich frei und gesund fühlen und das Leben voll leben. Und sie denken, dies sei nur mit anhaltender Anstrengung machbar. Wenn dein Leben dauernd mühsam und hindernisreich ist, wenn Druck und Last deinen Alltag dominieren, dann hast du dir einen solchen schwierigen Ausgangspunkt ausgewählt. Es geht aber auch anders!

Ändere deinen Ausgangspunkt. Definiere zunächst deinen Wunsch und visualisiere dann, wie du diesen Wunsch verwirklichst. Entscheide dich DAVOR für Leichtigkeit, Lockerheit,

Spaß und Freude. *Dies* ist dein neuer Ausgangspunkt, mit dem du an dein Ziel herangehst. Halte den Kurs der Leichtigkeit. Aber Achtung, Leichtigkeit bedeutet nicht, dass du nichts zu tun brauchst. Es zeigt dir nur, wie du ab jetzt an die Dinge herangehst. Du musst dich nicht abquälen. Das haben Generationen vor dir lange genug getan. Entscheide dich für den leichteren Weg und folge ihm.

»Ich darf es mir ganz leicht machen.«

Schritt 2: *Werde dir klar, was du wirklich willst*

Werde dir deiner Herzenswünsche immer klarer. Es gibt berufliche, materielle, finanzielle, gesundheitliche, familiäre, partnerschaftliche, geistige und spirituelle Ziele. Beschränke dich dabei aber nicht nur auf das Haben, sondern mach dir klar, was du SEIN und EMPFINDEN willst.

Hier eine Methode, um deine Herzenswünsche zu erkennen: Stell dir vor, ab nun werden all deine Wünsche erfüllt. Du reist in die Zukunft bis zu der Zeit, wo du ein alter, aber gesunder und vitaler sowie fröhlicher Mann bist – oder eine Frau. Nun blickst du zurück auf die Zeit zwischen dem Jetzt und dir als alter Person. Was siehst du? Was wolltest du alles erreichen? Was hast du erreicht, was erlebt? Wie hast du dich dabei gefühlt? Was hast du beruflich, materiell, finanziell, gesundheitlich, familiär, partnerschaftlich, geistig und spirituell alles errungen? Dies sind deine Herzenswünsche. Lasse sie einfach auf dich wirken.

Schritt 3: *Definiere ganz genau, was du wirklich willst*

Nach der Träumerei bist du nun bereit, deine Herzenswünsche zu konkretisieren, sie in der materiellen Welt zu manifestieren.

Definiere sie ganz genau, am besten schriftlich. Achte bei jedem Ziel darauf, was dein Herz dazu sagt, wie du dich fühlst, was du empfindest. Das kann den Unterschied machen zwischen wichtigen und unwichtigen Dingen und gibt dem Wichtigen noch mehr Kraft. Mache dies in einem entspannten und sehr gelösten Zustand, am besten an einem Ort, an dem du dich wohl fühlst und der dir auch das Träumen erlaubt, zum Beispiel auf einer wunderschönen Blumenwiese oder in deinem Lieblingskaffeehaus.

Hier noch eine weitere Hilfe, deine wahren Ziele zu finden: Stelle dir vor, du hast nur noch wenige Jahre zu leben. Nicht weil du krank bist, sondern aus ganz natürlichen Gründen. Was möchtest du dir selbst hinterlassen? Was möchtest du anderen Menschen hinterlassen? Welche Erfahrungen willst du gemacht haben? Welche willst du jetzt noch schnell machen, in den wenigen Jahren, die dir übrig bleiben? Was willst du alles bewirkt haben?

Schritt 4: *Werde dir glasklar,*
WARUM du das wirklich willst

Etwas zu wollen ist gut, aber zu wissen warum ist noch besser. Es gibt dir die notwendige Kraft, vom Wünschen zum aktiven Handeln zu gehen, um es zu erreichen. Werde dir über deine Intention und Absicht im Klaren. Warum willst du dieses und jenes haben beziehungsweise erreichen oder bewirken? Welchen Beitrag soll es in deinem Leben leisten? Aus welchem Grund? Ist es für dich tatsächlich wichtig? Warum? Läuft es für dich nur geradeso, oder kann es vielleicht noch leichter werden? Sei beim Hinterfragen nicht oberflächlich. Frage so lange nach dem WARUM, bis keine Antwort mehr kommt und du am Grund angelangt bist, wie ein fragendes kleines

Kind. Bleibe auch stets flexibel. Wenn du etwas Neues oder Wichtigeres für dich entdeckt hast, kannst du jederzeit deine Ziele neu definieren. Ziele wachsen parallel zu deinem geistigen und spirituellen Wachstum. Mit der Zeit wirst du merken, dass deine ersten Wünsche sehr klein waren. Du kannst viel mehr erreichen, als du dir erträumt hast.

Schritt 5: *Überprüfe die Authentizität des Ziels*

Entferne nun alle Ziele, die nicht deine wahren Ur-Herzensziele sind. Beseitige die Erwartungen anderer Menschen, meistens jener deiner Eltern und Familie, die wollen, dass du dein Leben nach ihren Regeln lebst. Die Gefahr ist groß, dass du die Ziele anderer nachlebst. Das sind Fremdziele oder Leblosziele, die dich in deinem Glück und Wachstum sogar blockieren können. Sie sind auf Dauer mühsam und nicht erfüllend. Trenne deshalb Ur-Herzensziele, die sich authentisch für dich anfühlen, von jenen, die es nicht sind. Und arbeite nur noch an deinen Herzenswünschen.

Schritt 6: *Definiere einen Zeitpunkt und mach dir die Konsequenzen bewusst*

Definiere zu jedem Wunsch, bis wann du ihn in deinem Leben realisieren willst. Und mach dir auch bewusst, was es für dich und für alle anderen in deinem Umkreis bedeutet, wenn du es erreicht hast. Es kann zum Beispiel Kritik und Neid hervorrufen. Kannst du damit umgehen? Wie willst du dich vor Angriffen anderer schützen? Es kann auch bedeuten, dass du umziehen musst, in ein anderes Land oder sogar auf einen neuen Kontinent. Bist du bereit dafür? Vielleicht wirst du auch sehr wenig Zeit für dich haben, weil du von tollen Angeboten überhäufst wirst. Hast du bereits gelernt, wie du dir freie Zeit für dich erschaffen kannst, um in deinem Job immer topfit zu bleiben? Sei dir bewusst, was auf dich zukommen kann, aber ebenso auf dein Umfeld, deine Familie, deine Freunde, deinen Partner. Auch deine Schattenseiten können hochkommen. Doch habe keine Angst, bereite dich einfach darauf vor, zum Beispiel indem du dir einen guten Mentor suchst, der zu gegebener Zeit für dich da sein wird.

Schritt 7: *OFFENBARE deinen Wunsch und mache ihn zu einer ENTSCHEIDUNG*

Das eine ist, sich etwas zu wünschen, das andere aber, alles dafür sein und tun zu wollen und die Entscheidung zu treffen, diesen Wunsch auch zu verwirklichen. Du hast bereits abgewogen, welches deine Ziele sind und welches nicht, welche Konsequenzen sie möglicherweise mit sich bringen und wie du dich am besten darauf vorbereitest. Nun ist es an der Zeit zu handeln. Vergiss aber hier wieder nicht den Ausgangspunkt. Handeln bedeutet nicht, dich in Druck und Stress zu verlieren. Gehe jedes Ziel völlig natürlich, leicht und locker an. So als wäre es das Normalste und Natürlichste von der Welt, dir alles, was du dir ersehnst, auch zu erfüllen. Sei dabei in Dankbarkeit. Denke nicht klein oder engstirnig. Du bist ein machtvolles Wesen, ein Mensch, ein spirituelles Geschöpf. Warum sollst du nicht all deine Macht beanspruchen? Das gehört zu den Erfahrungen, die jeder Mensch machen will.

Schritt 8: *VISUALISIERE und FÜHLE dein Ziel im Jetzt*

Setze nun bewusst deinen Werkzeugkasten des Erschaffens ein. Denke und fühle so, als hättest du deinen Herzenswunsch bereits erreicht. Belügst du dich damit selbst? Durchaus nicht! Wenn du dich nämlich mental dabei siehst, wie du etwas hast oder bist, lebst du deinen Wunsch bereits im Kopf und im Herzen. Für dein Unterbewusstsein macht es keinen Unterschied, ob du etwas schon hast oder dir nur vorstellst. Auf dieser geistigen Ebene ist deine Vorstellung daher wahr und existent. Fühle, denke, sehe, spüre, rieche, empfinde im Körper und sprich so, als hättest du alles bereits erreicht. Teile deine Herzensziele mit deinem Umfeld, aber nur mit Menschen, die dich unterstützen, oder Mentoren, denen du voll und ganz vertraust und die für dich da sind. So bringst du mit der Zeit die Energie deiner Vorstellung von der geistigen in die materielle Welt.

Schritt 9: *NOTIERE und BEBILDERE, was du wirklich willst – als Erinnerung*

Schreibe dir wieder ganz klar auf, welche Entscheidungen du getroffen und welche Ziele du dir gesetzt hast. Fertige Bildcollagen davon an, die du vielleicht selbst zeichnest oder aus dem Internet holst. Wenn du sehr viele hast, konzentriere dich auf die wichtigsten. Die Top 5 oder ein ganz bestimmtes finanzielles Ziel tun es auch. Wichtiger als das Ziel sind die Erfahrungen, die du dabei machst und die dir helfen, dir klarer zu werden über deine Fähigkeiten als Mensch und geistiges Wesen. Es geht nicht um das Auto, sondern um die Fähigkeit, den Wunsch eines Autos in deinem Leben zu verwirklichen. Hänge die Collage gut sichtbar auf oder verwende sie auf dem Computer als Bildschirmhintergrund. Wichtig ist, dass du sie immer wieder siehst, auch zufällig beim Vorbeigehen. Was du dann tust: fühlen! Fühle, wie sich diese Ziele anfühlen.

Schritt 10: *LASSE LOS*
vom Wie und lass dich FÜHREN

Du kannst dir grundsätzlich Gedanken darüber machen, wie du all das erreichen willst. Schreibe dir vielleicht Strategien auf, die du es angehen möchtest. Bleibe aber trotzdem flexibel. Es kann einen viel leichteren Weg geben, den du noch nicht kennst. Bei sehr hohen und unrealistischen Zielen fehlt einem sogar meistens dieses klare WIE. Und das ist gut so. Denn dann bist zu gezwungen, dieses Wie an die höhere Macht abzugeben. Sie ist dafür da, dir den Weg zu zeigen, und wird dich auch ganz gezielt auf diesen Weg bringen, wenn du es zulässt, statt dich starr dein lineares Denken zu stützen. Deine Ziele können sich exponentiell erfüllen, wenn du loslässt. Die höhere Macht ist hier deine Intuition, dein Bauchgefühl, dein Herz, das Universum oder die göttlichen Quelle; was sich für dich am besten anfühlt. Du lässt dich also führen. Lass dich exponentiell führen.

Schritt 11: *HANDLE inspiriert und*
nimm alle CHANCEN wahr

Sollten dir im Geführtsein klare Eingebungen, Strategien, Chancen und Handlungsschritte unterkommen, dann ist es nun deine Pflicht, diese Chancen zu ergreifen und danach zu handeln. Verliere dich nicht in Dauerbeschäftigung und sinnloser Ablenkung, sondern setze inspirierende Handlungen, gehe fokussiert deine Schritte und ergreife eine Gelegenheit nach der anderen, immer wissend: Du bist der Schöpfer deiner Wirklichkeit, und die Fähigkeit des Erschaffens wurde dir von einer höheren Intelligenz gegeben.

Schritt 12: *EMPFINDE die ganze Zeit so,
als wäre schon alles geschehen*

Vergiss in diesem gesamten Prozess nicht, ständig so zu denken, zu fühlen, zu sprechen, zu empfinden und zu sehen, als wäre alles, was du dir wünschst, längst geschehen. Das ist außerordentlich wichtig. Auf der mentalen und geistigen Ebene lebst du das Ziel nämlich schon, und so ist es auf eine gewisse Art und Weise bereits existent.

Schritt 13: *BEDANKE dich für jeden Schritt und alles,
was dir »zufällt« – mach dir einen Zeitplan*

Danke dir selbst für deine tolle Arbeit des Erschaffens. Bedanke dich sowohl für den kleinsten Schritt, den du gesetzt hast, als auch für das Gefühl, dass er möglicherweise nichts gebracht hat, und für die großen Schritte, die sofort einen sichtbaren Erfolg erbringen. Verliere bei deinem Endziel nie den Weg aus den Augen. Es ist wichtig, eine Reise dankbar, fokussiert, passioniert und gelassen durchzuführen. So ziehst du immer mehr Energie zu dir, die dafür sorgt, dass du dein Endziel schneller herbeiführen kannst. Definiere einen Zeitplan für deine Ziele und Absichten.

Die Blockaden beim Erschaffen

Der Mensch kann alles erreichen, was er sich wünscht. Denn jeder Mensch hat die Werkzeuge des Erschaffens als sein ureigenes Geburtsrecht erhalten. Wenn jemand etwas erreichen will, braucht er lediglich all sein Denken, Fühlen, Sprechen, Handeln und Sein darauf auszurichten.

Und doch klappt es nicht immer. Warum? Was ist der Grund, dass uns auf unserem Erfolgsweg Blockaden begegnen? Warum erfüllen sich gewisse Wünsche nicht sofort oder vielleicht auch gar nicht? Folgende Gründe kann es dafür geben:

♥ *Es ist nicht der richtige Zeitpunkt*

Wir wollen etwas, aber es ist jetzt nicht der richtige Zeitpunkt dafür, zum Beispiel weil die Verhältnisse und Umstände noch nicht günstig sind. Hier kannst du dich in Geduld üben und eigentlich froh darüber sein, dass dein Wunsch noch nicht eingetreten ist. Folgendes Beispiel macht dir das klar: Du bist gerade auf der Suche nach deiner Traumwohnung, doch es findet sich einfach nichts. Du probierst es immer wieder, triffst dich mit Maklern und durchforstest alle Anzeigen, aber es ergibt sich einfach nicht das richtige. Wenige Wochen später erhältst du einen Großauftrag im Ausland, den du unbedingt annehmen willst. Mit einem neuen Mietvertrag wärst du dauerhaft gebunden gewesen. Jetzt kannst du frei deinen Möglichkeiten nachgehen.

♥ *Du hast noch nicht alle Fähigkeiten entwickelt*

Du willst etwas, hast aber bisher nicht die Fähigkeiten dafür erworben oder entwickelt. Nehmen wir als Beispiel, dass du ein erfolgreicher Börsenmakler sein möchtest. Vielleicht hast du noch keine Ahnung, wie der Börsenmarkt funktioniert, und tust dich auch schwer, mit großen Geldsummen umzugehen. Es ergibt daher Sinn, dass dein Ziel noch nicht realisiert ist und du momentan nur mit kleinen Beträgen spielst. Darüber kannst du sogar froh sein. Du kannst noch üben, Fehler machen und aus deinen Fehlern lernen, ohne viel

Schaden anzurichten. Wenn du bereit bist, wirst du mit großen Summen jonglieren können, die Möglichkeit wird sich dir ganz zweifellos bieten. Behalte dein Ziel stets im Auge und genieße den Weg des Lernens. Genieße es jetzt, dir schrittweise alle Fähigkeiten und das Wissen anzueignen, die du brauchst, um später erfolgreich zu leben.

Ist es nicht dein Herzenswunsch, bist du für etwas Größeres bestimmt

Deine Ziele sind dann zu klein und bescheiden. Sie sind nicht wirklich dein Herzenswunsch. Du spielst noch das kleine Spiel, aber deine Seele sehnt sich nach Größe und Pracht. Sie brennt für etwas Neues, noch nicht Dagewesenes. Achte darauf, ob du bei kleinen Zielen nicht vielleicht das Leben anderer nachlebst. Es handelt sich oft um übernommene Wünsche von Eltern, Partnern und Familie. Löse dich davon und gehe deinen eigenen Weg. Entscheide dich, deine wahre Größe und Pracht zum Ausdruck zu bringen.

♥ *Blockaden als duale Seite deines Wunsches kommen hoch*

Du willst erfolgreich sein und scheiterst immer wieder. Du willst gesund sein, doch ständig erwischt dich eine neue Krankheit. Oder du willst mehr Frieden im Leben, bist aber mit einem Konflikt nach dem anderen konfrontiert. Und das, obwohl du deine Werkzeuge des Erschaffens optimal einsetzt. Wie kann das passieren? Es ist ganz einfach: Wenn du dir etwas wünschst, dann kommen auch jene Blockaden hoch, die diesen Wunsch bislang verhindert haben. Mit dem Wunsch weckst du ebenso die andere Seite der Dualität.

Willst du also erfolgreich sein, kann es sein, dass die Angst vor Misserfolg dabei an die Oberfläche tritt. Viele irritiert das. Sie denken dann, sie müssten aufgeben. Doch genau der Gegenteil ist der Fall. Du musst weitermachen und die andere Seite der Dualität annehmen und verwandeln. Du lernst gerade aus deinen größten Ängsten und kannst gestärkter aus ihnen hervorgehen.

Wann immer du dich für Reichtum, Sorgenfreiheit oder Balance entscheidest, aktivierst du auch jenes verdrängte Material in dir, das dich noch in deiner Armut, Unfreiheit und Unfrieden festhält. Du glaubst dann anfangs, dass du dich auf dem falschen Weg befindest, oder fragst dich, warum es schlimmer geworden ist, und willst aufgeben. Doch nicht deine Entscheidung war unrichtig, sondern die andere Seite der Dualität macht sich sichtbar. Das bedeutet, dass jetzt Gefühle und Gedanken aufsteigen, die dich bisher in deiner Blockade oder im unerwünschten Lebensumstand festgehalten haben. Sie kommen noch einmal mit voller Kraft und Wucht hoch, damit du ihnen ein letztes Mal tief in die Augen schaust und sie dann endgültig gehen lässt.

Mache dir das Schattenmaterial in dir bewusst

Folgender Prozess, den ich von dem deutschen Transformationspsychologen Robert Betz abgewandelt habe, kann dir helfen, Schattenemotionen und verdrängtes Material in dir bewusst zu machen und damit heilen zu lassen:

1. Setze dich bequem und ungestört hin. Leere deinen Geist. Und rufe dann die Situation hervor, die du dir anschauen möchtest.
2. Atme tief ein und aus. Atme in die Emotion oder den Gedanken hinein, der dich gerade bedrückt. Kümmere dich nur um diese Emotion oder diesen Gedanken.
3. Mach dir klar, dass andere Menschen und äußere Umstände nur Auslöser deiner Gedanken und Emotionen sind, die in dir schlummern. Sie helfen dir damit, Verdrängtes und Altes an die Oberfläche zu bringen, damit du sie verarbeiten kannst. Jetzt ist der Zeitpunkt gekommen, dich darum zu kümmern.
4. Gehe einen Schritt weiter. Mach dir klar, dass alle Gedanken, Emotionen und Umstände, die dein Leben belasten, du selbst erschaffen hast. Auch wenn du vielleicht gewisse Muster und Einstellungen von anderen Menschen übernommen hast, hast du dich doch (unbewusst) entschieden, mit diesen Menschen in Kontakt zu treten, ihre Meinung zu übernehmen und es zu deiner Wirklichkeit werden zu lassen. Daher bist du voll und ganz dafür verantwortlich, was in deinem Leben geschieht. Und das ist gut so, denn es bedeutet, dass du es auch ändern kannst.
5. Solltest du den Eindruck haben, dass du ein bestimmtes Gefühl von einem anderen Menschen übernommen hast oder es nicht zu dir gehört, dann

schicke es an den Urheber zurück und stell dir vor, wie die Energie zurückfließt. (Den Rückfluss kannst du dir in Form einer Energiebahn vorstellen oder eines Luftballons, der diese Energie beinhaltet und den du an diese Person abgibst.)

6. Löse dich von allen Schuldzuweisungen und Selbstverurteilungen. Denn sie halten dich im alten Verhalten, Denken und Fühlen fest und verhindern, dass du deinen neuen heilenden Weg gehst. Mach dir vielmehr bewusst, dass du in jeder Situation das Beste getan hast und diese Erfahrung genau die richtige für dich war.

7. Atme immer tiefer in die Emotion hinein und sprich zu ihr folgende Wörter, mental oder verbal: »Ich spüre gerade, dass x (GEFÜHL BENENNEN) da ist. Ich bin jetzt bereit, dich voll und ganz zu spüren. Alles in mir darf jetzt sein.« Rufe nun alle heilenden Energien zur Unterstützung. Du musst nicht an sie glauben, die Wunschäußerung reicht vollkommen. Rufe alle geistigen und irdischen Heilkräfte zu dir, die sich für dich stimmig anfühlen. Sage beispielsweise: »Ich rufe alle heilenden Wesen und bitte sie, mich jetzt zu unterstützen. Danke für eure Hilfe. Danke! Danke!«

8. Spüre, was sich gerade in dir tut, und sprich es genau in dem Moment aus, in dem du es spürst. Das Gleiche gilt für Gedanken und innere Bilder, die dir kommen: Sprich sie in dem Moment aus, in dem du sie siehst oder hörst. Beispielsweise: »Ich fühle mich gerade traurig oder verzweifelt«, »Ich sehe gerade das Meer«, »Ich erinnere mich gerade an eine Situation, als ich klein war, vom Klettergerüst gefallen bin und …« Schreibe

dir eventuell zusätzlich auf, was dir als sehr wichtig erscheint oder was du ganz klar und deutlich siehst, fühlst oder denkst.

9. Mach dir wieder klar, dass alle Gefühle und Gedanken da sein dürfen. Alles darf jetzt sein. Vertraue auch darauf, dass alle Heilkräfte nun bei dir sind und wirken. Sie sind es, die diese Gefühle und Gedanken hochkommen lassen.

10. Atme immer wieder tief ein und aus. Bleib mit der Atmung tief, bewusst und konstant. Auch wenn Tränen fließen. Drücke alles aus, was in dir ist. Erlaube es dir, diesen Prozess zu durchleben. Er ist heilsam.

11. Lenke dich nicht ab und lasse dich auch nicht ablenken. Bleib immer bei deinen Emotionen. Die verdrängten Schattengefühle wollen genauso gesehen und anerkannt werden. Nur so können sie heilen und integriert werden.

12. Wenn es beginnt, sich immer leichter anzufühlen, sprichst du folgenden Satz, mental oder verbal: »Ich bin bereit für jede Einsicht und Erkenntnis, die diese Emotion heilen lässt. Ich öffne jetzt mein Herz für diese Emotion in mir und die Einsicht. Ich lasse jetzt Heilung geschehen.«

13. Öffne dein Herz für das Gefühl. Denn alles, was in dir ist, ist auch ein Teil von dir – es ist wie ein Kind, das gerade wütend, verängstigt oder traurig ist. Öffne dich voll und ganz deinen Emotionen.

14. Bleibe im Bewusstsein des Beobachtens, was in dir geschieht. Vielleicht erhältst du auch eine wichtige Eingebung. Dir wird nämlich gerade klar, was die wahre

Ursache hinter dieser Emotion ist. Dir wird vielleicht ganz klar und vollkommen bewusst, was du aus dieser Erfahrung lernen sollst.
15. Solltest du keine Eingebung erhalten, macht das gar nichts. Es ist entweder noch nicht an der Zeit oder nicht weiter wichtig, dass du diese Eingebung hast. Bleib einfach nur in der Emotion. Mit der Zeit wirst du merken, dass sich das Gefühl immer leichter anfühlt.
16. Hast du das Gefühl, dass der Prozess zu Ende geht, dass alles gemacht ist, was sich gehört oder gerade jetzt gemacht werden kann, dann stell dir als Abschluss noch vor, wie du von einem strahlend weißen Licht gereinigt wirst. Stell es dir vor wie eine Lichtdusche, die dich überkommt. Mit der Zeit kann sich das Licht in Violett und dann in Gold verwandeln. Solange du willst, solange, bis alles leicht wird und sich aufgelöst hat.

Stehe jetzt bitte auf und schüttle deinen ganzen Körper. Du darfst dabei auch Geräusche von dir geben und seufzen. Stell dir vor, dass alle alten Restenergien, die von dir abfallen wollen, jetzt von dir abfallen und in den Boden der Erde fließen. Dort werden sie wie Dünger aufgenommen. Fühle, wie dein neues Ich zum Vorschein kommt, und mache dann bewusst einige Schritte auf deinem neuen Weg.

*Ganz gleich, wer du heute bist,
was du gerade besitzt und mit welchen
Schwierigkeiten du zu kämpfen hast,
du bist ein kostbarer Mensch und
eine erlesene Seele.
Nutze das Geld zur Ausdehnung
deiner Liebe und Kraft, deiner inneren
Schätze und Reichtümer.
Lass dein Geld zum Ausdruck deines
glanzvollen Selbst werden und bring
damit die Welt zum Leuchten.*

TEIL 4

Meditationen & Mantren für ein gesundes und harmonisches Leben mit Geld & Finanzen

Geld soll etwas ganz Normales, Natürliches und Selbstverständliches in deinem Leben sein. Wenn du Geld angreifst, darüber redest, es für dich einforderst oder darüber entscheidest, dann achte darauf, dass du in einem neutralen, nüchternen und positiven Zustand bist.

Einleitung

Es ist leicht, ultimativen Reichtum zu erschaffen. Es ist sehr leicht, in Harmonie und Frieden zu leben. Das Leben ist in seiner letzten ultimativen Wahrheit dafür gedacht, leicht zu sein und in Wohlstand gelebt zu werden. Der Mensch hat sich nur dafür entschieden, es sich besonders schwer zu machen.

Kinder wissen noch, dass das Leben leicht und gelassen sein darf. Daher lernen sie auch leicht und mit wahrhaft atemberaubender Geschwindigkeit. Sie haben keine Angst davor, Fehler zu machen, sie sind neugierig und fest davon überzeugt, dass sie alles schaffen können, was sie wollen. Kinder haben wunderschöne und auch kraftvolle Träume. Sie schränken sich nicht ein und wissen ganz einfach, dass alles möglich ist. Aber dann kommt die Erziehung. Die Gesellschaft. Es kommen die Regeln. Die Schule. Die Arbeit. Das Leben, wie unsere Ahnen es führten, die uns vorgegeben haben, auf eine bestimmte Weise zu leben. Die Gelassenheit und Leichtigkeit des Seins lässt nach. Es wird alles schwer.

Als Erwachsener darfst du dich jetzt wieder entscheiden, dir das Leben ganz einfach zu machen. Das »No Pain no Gain«-Denken ist veraltet, nicht mehr zeitgemäß. Der moderne Mensch denkt stattdessen »smart, spiritual and soft«. Und das in jedem Bereich seines Lebens. Alles darf jetzt ganz leicht sein.

Wer bisher seinen Job, seine Ziele, seine Träume und Sehnsüchte nur mit Druck angegangen ist, der darf jetzt erleichtert durchatmen. Alles darf ganz leicht sein. Wer mit Stress und Mühe sein Geld verdient hat, der darf sich klar machen, dass es ab jetzt auch ganz einfach gehen kann. Alles darf leicht sein. Erlaube es dir.

Erlaube dir, ein Leben zu haben, das »zu schön ist, um wahr zu sein«. Wenn du dir bisher Druck, Stress und Anstrengung als Triebfedern deines Lebens ausgesucht hast – denn so hast du dein Leben bisher bestritten –, erlaube dir ab jetzt Leichtigkeit, Gelassenheit und Besonnenheit. Mache dies zu deiner neuen Lebenseinstellung. All das steht dir zu. Und jedes Mal, wenn sich etwas schwer anfühlt, lege alles nieder und erinnere dich daran, dass es ab jetzt anders gehen darf.

Es gibt eine Möglichkeit, wie du immer besser mit der Leichtigkeit in Verbindung bleiben kannst. Indem du dich an eine höhere Quelle anschließt. Diese höhere Quelle kannst du Gott nennen, Universum, Seele oder ihr auch einen ganz anderen Namen geben. Wichtig ist dabei lediglich, dass du die *Essenz dieser Quelle* kennst:

- Die Quelle ist pure Harmonie und Gleichgewicht. Harmonie bedeutet, dass größte Leichtigkeit herrscht. Alles ist hier im Optimum. Alles wächst und entwickelt sich hier ganz natürlich, leicht und optimal zum Besten des Ganzen.
- Die Quelle ist ein Bereitsteller von Ressourcen. Alle Ressourcen, sei es Geld, Reichtum, Besitz, Wohlstand, Liebe, stellt sie dir immer großzügig zur Verfügung. Du brauchst dich nur zu entscheiden, ob und welche dieser

Ressourcen du nutzen willst. Auch Geld und Wohlstand kommen von der Quelle.
- Die Quelle ist pure Intelligenz. Als Intelligenz weiß die Quelle, was das Beste für dich ist, welche höchsten Potenziale in dir schlummern und wozu du alles fähig bist. Es ist daher wichtig, bei kleinen und großen Fragen sowie Meilensteinen dich mit dieser Intelligenz zu verbinden. So bleibst du stets auf deinem Weg des Erfolgs.
- Die Quelle ist omnipräsent. Die Quelle ist um dich herum und in dir. Du bist Teil dieser Quelle. Dein Körper ist Teil der Erde, aber dein gesamtes Wesen hat die gleiche Substanz wie diese Quelle. Sie ist eine Erweiterung deines Selbst. Daher: Alle Erfahrungen, die du machst, macht die Quelle mit. Sie erfährt sich durch dich.

Da die Quelle eine Erweiterung deines Selbst ist und durch dich Erfahrungen macht, will die Quelle stets das Beste für dich. Wenn du also erfüllt und reich lebst, erfährt auch die Quelle Erfüllung und Reichtum. Das macht einen Unterschied: Dieses Leben – dein Leben – ist nicht nur ein Geschenk an dich, sondern auch an die Quelle!

Die Lebenserklärung für Geld, Wohlstand und Erfolg machen

Dir werden alle Ressourcen bereitgestellt im Leben. Diese Ressourcen kannst du auch Energie nennen. Aus der Sicht der Quelle gibt es keine guten oder schlechten Energien. Es gibt Energien, die mit Liebe, Kraft, Heilung und Einsicht gesegnet sind, andere halten dich in Verzweiflung, Krankheit und Trauer fest. Beides ist wichtig für die Existenz eines Menschen.

Doch es liegt in deiner Verantwortung, dich dafür zu entscheiden, welche Ressourcen du bewusst nutzen willst.

Formuliere für dich eine *Lebenserklärung*. Eine Lebenserklärung ist deine persönliche Mission, dein eigenes Leitbild, das klar ausdrückt, was dir wichtig ist und worauf du von jetzt an täglich deine Aufmerksamkeit richten möchtest. Sie soll fortan dich und deine Entscheidungen leiten. Sie ist die Grundlage deiner Existenz. Nutze deine Lebenserklärung, um dir täglich vor Augen zu führen, warum du überhaupt lebst. Sie ist ein machtvolles Instrument, mit der du innere Klarheit gewinnst.

Wenn du noch keine eigene Lebenserklärung formulieren kannst, ist es auch möglich, eine vorformulierte zu nutzen. Mache sie sichtbar in deinem Leben, auf einem Zettel am Monitor, auf dem Handy, am Badezimmerschrank oder sonstwo, damit du sie jeden Tag vor Augen hast. Schau, dass du ihre Worte und Gedanken emotional fühlst.

Deine Lebenserklärung gibt dir Kraft und Klarheit. Sei nicht enttäuscht, wenn du dein Leben noch nicht gemeistert hast. Du bist ein lernendes Wesen. Sei einfach nur stolz darauf, dass du bereit bist, aus deinem Leben hier das Bestmögliche zu machen. Allein darauf kommt es an. Auf deine Entscheidung, dein bestes Selbst zum Ausdruck zu bringen.

Lebenserklärung

> An mich, meine Seele, all meine Helfer und Führer sowie Engel, an Mutter Erde und ihre Erdgeister, meine Ahnen und Seelenfamilie und an den allmächtigen Schöpfer meines Seins, die Quelle.

Ich entscheide mich hier und jetzt in meinem Leben, materiellen Reichtum und Wohlstand zu schaffen, durch die Quelle der Wahrheit und des Herzens, in Liebe, Harmonie und Leichtigkeit.

Ich entscheide mich hier und jetzt in meinem Leben, meine allergrößten Träume zu leben, die sich meine Seele und mein Herz ersehnen, und sie mit unendlicher Passion und Hingabe zu erfüllen.

Ich entscheide mich hier und jetzt in meinem Leben, meine größten Talente und Fähigkeiten zum Ausdruck und zur vollen Entfaltung zu bringen, den Menschen all meine Schätze zu offenbaren und sie mit meinem glanzvollen Licht zu beschenken.

Ich entscheide mich hier und jetzt in meinem Leben, meinen ganz eigenen Weg der vollkommenen Freiheit und Erfüllung zu gehen, meiner inneren Führung und der Stimme meines Herzens zu lauschen und den Glanz meiner Seele täglich in meine Arme zu schließen.

Ich entscheide mich hier und jetzt in meinem Leben, die Liebe zu mir selbst wieder zu entdecken, mich selbst zum besten Freund zu ernennen, meinen Körper für sein wundervolles Dienen wertzuschätzen.

Ich entscheide mich hier und jetzt in meinen Leben, mich von Scham und Schuld zu befreien, all meine Ängste und Wunden heilsam zu küssen und in die Essenz meines wahren Selbst durchzudringen.

Ich entscheide mich hier und jetzt in meinem Leben, die Liebe zum Leben und den Augenblick zu genießen, bewusst, gefühlvoll, sanft und lächelnd zu atmen und mich von der Süße des Seins berühren zu lassen.

Ich entscheide mich hier und jetzt in meinem Leben, all meine Kraft und meine Macht in Besitz zu nehmen, meine Verantwortung als Schöpfer meines Lebens in die Hand zu nehmen und mich von allen Begrenzungen und Unfreiheiten ein für allemal zu lösen.

Ich entscheide mich hier und jetzt in meinem Leben, auf mich und meine Bedürfnisse zu achten, für mich bestens zu sorgen und mich zu versorgen und mich mit tiefer Liebe, Achtsamkeit und Zuneigung zu beschenken.

Ich entscheide mich hier und jetzt in meinem Leben, inneren Frieden mit meiner Familie und meinen Ahnen zu schließen, meine Sexualität erfüllend und schamfrei auszuleben und wertvolle Beziehungen zu führen.

Tief in mir weiß ich, dass ich mir ein Leben in Glück, Erfolg, Reichtum, Freiheit und Gesundheit verdient habe und alles Unglück, jeglicher Misserfolg, Armut, Unfreiheit und Krankheit jetzt in Liebe heilen können.

Möge all das und noch mehr mein neues Leben sein. Möge ich so denken, fühlen, sprechen und handeln auf allen Ebenen meines Seins. So will ich es. So sei es. So ist es. Das ist mein Wille, und dieser geschehe.

Danke! Danke! Danke!

Datum und Unterschrift:

Die Natürlichkeit des Geldes annehmen

Kein Mensch auf dieser Welt hat es verdient, nur für Geld arbeiten zu müssen. Wenn du für Geld arbeitest, dann mach es aus reiner Freude heraus. Aber nicht, weil du es musst. Denn das ist pure Beleidigung. Es ist eine Beleidigung deiner selbst, weil du dich unlieb behandelst, dich kleiner machst, als du bist, und dein wahres Menschsein herabsetzt. Und gleichzeitig wertest du das Geld ab, weil du es in Unliebe empfängst. Jedes Mal, wenn du es in die Hand bekommst, verurteilst du es womöglich unbewusst, dass es dich zum Sklaven gemacht hat. Aber nicht das Geld hat dich zum Sklaven gemacht, sondern du selbst hast dich in deiner Freiheit und Macht begrenzt.

Wenn du aus der Quelle des Reichtums schöpfen willst, entscheide dich daher für ein Leben, in dem du Geld aus purer Freude schöpfst. Betrachte es wie reine Luft, die für dich immer verfügbar ist. Kein Mensch würde auf die Idee kommen, für Luft zu arbeiten. Es ist immer genug da. Wenn du mehr brauchst, weil du gerade schnell unterwegs bist, dann holst du den Sauerstoff automatisch zu dir. So kann es auch mit dem Geld sein. Je mehr du brauchst, desto mehr kommt zu dir.

Geld soll etwas ganz Normales, Natürliches und Selbstverständliches in deinem Leben sein. Wenn du Geld angreifst, darüber redest, es für dich einforderst oder darüber entscheidest, dann achte darauf, dass du in einem neutralen, nüchternen und positiven Zustand bist.

Trenne dein finanzielles Einkommen von der Arbeit. Arbeit ist eine Möglichkeit, wie du zu Geld kommen kannst. Aber es gibt noch andere Wege. Deine Aufgabe ist es, dir bekannte Türen immer wieder bewusst zu machen und dich auch für alle unbekannten Quellen zu öffnen. Mache dir bewusst, dass Geld, Erfolg und Wohlstand viele Kanäle zu dir haben. Lass alle zu dir fließen.

Bewusstmachung des Geldflusses

Begib dich in Meditation und mache dir Folgendes bewusst:

- Geld fließt in mein Leben, ausreichend wie Luft und Wasser, aus allen bekannten und unbekannten Quellen, für die ich jetzt meine Arme in Dankbarkeit öffne.
- Geld, Erfolg und Wohlstand fließen ab jetzt frei von Mühe, Druck und Strenge, dafür mit Gelassenheit und Leichtigkeit.
- Und ich verzeihe mir selbst für alles, weil ich es mir bisher schwer gemacht habe.
- Ich bin jetzt bereit, Geld als etwas ganz Natürliches und Normales zu betrachten und mich mit seiner reinen Essenz zu verbinden.

Als König Krösus das Geld erschuf, stand dahinter zunächst das menschliche Bedürfnis, etwas in Händen zu halten, das den Tausch von Gütern erleichtern würde. Diese Erleichterung, die Geld versprach, kam als inspirierende Eingebung. Es war eine Idee, die das Zusammenleben der Menschen erleichtern sollte. *Das ist die Essenz des Geldes.* Was daraus entstand, ist mit den Religionen vergleichbar: Missinterpretationen, Fehlurteile und persönliche Machtgelüste des Menschen entwickelten sich über die Jahre und verschleierten die wahre und ursprüngliche Essenz des Geldes.

Du kannst aber wieder zur Essenz des Geldes zurückkehren. Entscheide dich, Geld wieder als etwas ganz Normales, Natürliches und Selbstverständliches in deinem Leben zu betrachten und dich von negativen Besetzungen zu lösen.

(Geld-)Sorgen an höhere Wesen delegieren

Geld kann *nicht* all deine Probleme lösen. Es kann dir helfen, deine Geldprobleme aus dem Weg zu räumen. Wenn du aber glaubst, dass die Münzen deinen wunden Schmerz aus der Kindheit, fehlende Elternliebe oder gar eine partnerschaftliche Liebe ausgleichen können, dann ist das ein sehr hoher Anspruch an Geld – und es wird ihn dir nicht erfüllen.

Bist du von chronischen Sorgen geplagt und fühlst dich eingeengt im Leben, dann lass dir helfen, dich davon zu befreien. Besonders bei immer wiederkehrenden Gedanken und Gefühlen, die sich bereits als Muster in dir manifestiert haben, verbinde dich mit den Heilkräften, die ebenfalls in dir und um dich herum existieren. Du hast es dir vielleicht unbewusst ausgesucht, dich mit Habgier, Neid, Unfreiheit, Sorge und Angst zu befassen, aber du darfst dir durchaus den Weg zur Heilung zeigen lassen.

Den Weg zur Heilung kennen am besten jene höheren Kräfte, die wir mit bloßem Auge nicht erkennen können. Dabei wimmelt es um jeden Menschen herum von Engeln, Geistführern, Ahnen, Erdgeistern, Schutzengeln, Meistern, Energien und Lichtwesen jeglicher Art, die nur auf unseren Ruf warten. Sie können aber erst dann etwas für uns tun, wenn wir sie dazu beauftragen. Und sie können erst dann in unser Geschehen eingreifen, wenn dies unser freier Wille ist.

Wenn wir sie kontaktieren, wissen die höheren Mächte Bescheid, dass sie jetzt grünes Licht haben. Dann kommen sie uns zu Hilfe. Sie bedienen sich dabei unterschiedlicher Mittel und Wege. Sie können deine Selbstheilungskräfte unterstützen, dich mit inneren Gefühlen, Ideen und Eingebungen versorgen, die dich auf neue Lösungen und Bahnen bringen.

Oder du hörst vielleicht eine lautere Stimme oder empfängst eine innere Empfindung im Körper, die ein Zeichen deiner geistigen Helfer ist.

Das ist eine innere Möglichkeit von vielen, wie dich höhere Mächte auf etwas hinweisen. Aber es gibt auch äußere Wege, die für uns nicht auf Anhieb als Hilfe aus der geistigen Welt zu erkennen sind. Beispielsweise kreuzt ein Buch deinen Lebensweg, eine Textpassage aus dem Internet oder ein Mensch, der dich weiterbringt. Oder du siehst immer wiederkehrende Zeichen oder Bilder beziehungsweise Wegweiser auf deinem Lebensweg, die dir helfen, Lösungen zu finden und Heilung zu erfahren.

Wenn du dich mit chronischen Problemen, Ängsten und Sorgen plagst, sei dir dessen bewusst, dass du alle Kraft und Macht in dir trägst, um die erforderliche Lektion daraus zu lernen und deinen nächsten Schritt in mehr Liebe und Wachstum zu setzen. Aber das geht nur, wenn du dir dessen bewusst bist, dass du alles selbst erschaffst. Vergiss die Verurteilung anderer. Und schon gar nicht hilft dir die Verurteilung deines Selbst, denn so verschließt du die Tür zur Veränderung.

Es gibt aber etwas, was hilft, nämlich alle Probleme und Sorgen, die dich finanziell betreffen, an höhere Mächte abzugeben. Behalte dabei die Verantwortung für dein eigenes Leben und deine Schöpferkraft. Gib nur die eigene Blindheit für die Lösung deiner Probleme ab. Manchmal bist du vielleicht so blind, wenn es darum geht, mehr Reichtum, Gelassenheit, Wohlstand und Freiheit zu kreieren, dass du den Wald vor lauter Bäumen nicht mehr siehst. Die unsichtbaren Mächte können dir helfen, wieder klar zu sehen. Bestehe auf ihrer Anwesenheit, indem du sie still oder vehement rufst.

Sprich laut aus, was dein Wille ist. Lass die höheren Mächte wissen, was du willst. Achte darauf, dass du niemandem dabei schaden oder ihn, es oder sie manipulieren willst. Dafür bekämst du keine Hilfe.

Wenn du aber deine Wünsche und Bedürfnisse kennst und verstehst, was dein innerstes Wesen braucht, damit du aus der Blindheit wieder ins Licht zurückkehren kannst, dann stehen dir alle Mächte zur Seite.

An alle höheren Mächte des Lichts

Ich rufe euch jetzt, um mich aus meiner Blindheit hinauszuführen. All meine Probleme, all meine Sorgen haben ihren Ursprung meistens darin, dass ich an den Mangel glaube. Wenn ich stattdessen einsehen könnte, dass für jeden genug da ist, auch für mich, dann kann ich jeglichen Kampf für immer beenden.

Ich rufe euch jetzt, um mir meine Lektion und Lernerfahrung deutlich zu machen. All meine Krankheiten, Gier, Armut, Schuld und mein Neid sind von mir selbst erschaffen, weil ich einmal beschlossen habe, nicht in Liebe mit mir selbst und meiner Umgebung zu sein.

Ich gebe nun all meine Probleme und Sorgen hier und jetzt an euch ab, und ich weiß, dass jegliche Verantwortung für mein Leben bei mir liegt. Dennoch weiß ich, dass ihr mir das Licht schenken könnt, so dass Liebe und Heilung in mein Leben einkehren können.

Ich bin von jetzt an empfänglich für eure Eingebung, Liebe und Kraft, so dass euer Licht durch mich strahlen kann und jedes Problem sich so verwandelt, dass ich in meiner Freiheit unbegrenzt gedeihen kann.

> Ich lasse jetzt in und bei mir alle Heilung geschehen. Auf allen mir bekannten und unbekannten Ebenen meiner Realität. In all meinen Körpern, Energiefeldern und Auren.
> Ich danke euch sehr.

Finanzielle Heilmeditationen sprechen

Wohlstand und Erfolg ist eine Folge deines Denkens. Wenn du in Mangel denkst, kannst du nur Armut erschaffen. Diese Armut zeigt sich dann in deinem ganzen Leben. Auch wirst du mit Menschen konfrontiert sein, die dich immer wieder auf deinen inneren Mangel hinweisen. Das können Kunden sein, die kein Geld haben, oder Vorgesetzte, die bei einer Gehaltserhöhung jammern, oder Nachbarn, die sich schwer tun, ihre Rechnungen zu bezahlen, und dich um Hilfe bitten oder zum Jammern zu dir kommen. Als Folge deines Denkens ist deine Realität voller Armut, und diese Wirklichkeit scheint zunächst auch wahr zu sein.

Würdest du aber jeglichen Mangel ablegen und anders denken, fühlen, sprechen und handeln, würde sich dir ein reiches Leben voller Möglichkeiten zeigen.

♥ *Armut kann sich an vielen Stellen bemerkbar machen:*

- Wenn wir mit dem Preis eines unserer Artikel oder Angebote runtergehen, dann unterstützen wir andere vielleicht in ihrem Mangel. Du denkst bewusst oder unbewusst, dass dieser Mensch nicht fähig ist, sein finanzielles Leben zu bestreiten und die Mittel dafür aufzubringen.

- Wenn wir denken, wir könnten uns etwas nicht leisten, dann füttern wir den eigenen Mangel. Du hast von dir selbst den Eindruck, dass du dem Leben ausgeliefert bist. Du schwächst deinen eigenen Willen, weil du nicht darauf bestehst, was du dir ersehnst.
- Wenn wir für arme Menschen voller Mitleid spenden, dann fördern wir ihre Ohnmacht. Du glaubst, du hilfst jemanden, indem du ihn mit Leid siehst – doch vielleicht hältst du ihn so in seinem Leid fest. Wir müssen einerseits lernen, Menschen so zu sehen wie sie sind, aber auch zu erkennen, wie sie wären, wenn sie sich ihre geistigen Potenziale zunutze machen würden.
- Wir kaufen nur ein, was im Angebot ist. Damit bestätigen wir unser eigenes Mangeldenken und suchen sogar aktiv nach Möglichkeiten, es zu nähren. Doch befriedigt ist es nie, es wird immer mehr und mehr wollen, dich immer tiefer in die Gier bringen.

Es geht natürlich nicht darum, nichts mehr zu spenden, keine Rabatte zu geben, unbedacht einzukaufen oder Abverkäufe zu boykottieren. Vielmehr geht es darum, sich seiner Absicht bewusst zu werden. Kläre die Motivation hinter deiner Tat. Frage dich: Mache ich etwas aus Mangel heraus oder aus überbordender Fülle? Denke ich gerade im Mangel? Halte ich jemanden mit meiner Einstellung und Handlung in seiner Armut fest? Vielleicht sogar mich selbst? Und woher kommt mein Mangel?

♥ *Dein Mangeldenken hat möglicherweise diese Ursprünge:*

- Du kannst dir dein Mangeldenken selbst bewusst oder unbewusst konstruiert haben.

- Du setzt das Mangeldenken deiner Familie, Eltern, Freunde, Bekannten und anderer Menschen fort.
- Das Mangeldenken kommt aus (unerklärlichen) alten und bereits abgeschlossenen Leben.

Wenn Kinder aus armen Familien mittellos bleiben, dann nicht etwa deshalb, weil sie keine Chancen haben, sondern weil sie die Gedanken ihrer Eltern fortsetzen. Wenn spirituelle Menschen kein Geld haben, dann nur deshalb, weil sie davon überzeugt wurden, dass es etwas Schlechtes sei. So wurde ihnen in anderen Leben die *Macht* entzogen.

Bevor du aber nach finanziellem Reichtum und Erfolg strebst, entscheide dich für Heilung. Ein heiler Mensch zu sein bedeutet, dass du im Reinen bist mit Wohlstand und Reichtum. Du kreierst ihn frei von negativen Emotionen und Mangelgefühlen. Du tappst nicht mehr in die Falle des Armutsdenkens. Du hast tief in dir die Überzeugung, dass für alle und jeden genug da ist. Du stehst mit beiden Beinen im Leben, deine Energie ist fest im Hier und Jetzt verankert. Und gleichzeitig sind deine Kanäle zur Geisteswelt geöffnet. So kreierst du Wohlstand und Erfolg in *Einklang* mit deiner inneren Mission und Sinnhaftigkeit.

Würdest du nur nach Geld verlangen, jedoch nicht heil sein, würdest du entweder Schaden anrichten mit diesem Geld, bei dir selbst oder anderen, oder du würdest dein Geld sehr schnell wieder verlieren. Du hast nämlich nicht aus der Aufgabe gelernt.

Hilfreich ist es, dich zunächst selbst zu zentrieren. Schweifen deine Gedanken ständig ab, lässt du dich von allem und überall ablenken und verlässt immer wieder deine innere Mitte? Dann verhält es sich mit deinem Vermögen nicht anders. Es kann nicht bei dir bleiben, wenn du ihm keinen Halt gibst.

Zentriertheit ist besonders wichtig, wenn du ein bestimmtes Budget in alleiniger Verantwortung verwaltest. Bleibe bei Geld immer zentriert, standfest und klar – »bei den Zahlen«.

Bitte dann um Heilung. Heilung ist der erste Schritt. Wenn du mit beiden Beinen in deinem Heilraum stehst, öffnen sich alle anderen Türen zum Wohlstand, zur Liebe und Harmonie gleichzeitig. Existenzängste verlassen deinen Geist, als hätte es sie nie gegeben. Neidgefühle verschwinden aus deinem Leben. Du siehst die Welt mit ganz anderen Augen. Nämlich mit gesunden. Und mit der Zeit fühlst du dich auch finanziell geheilt.

Doch *wofür* sollst du um Heilung bitten? Du kannst um jede mögliche Heilung bitten! Es gibt keine Einschränkung. Es mag einiges geben, was dir die Tür noch versperrt. Beispielsweise Gedanken und Emotionen, die du dir selbst erschaffen oder von anderen Menschen übernommen hast. Oder auch alte Schwüre und Eide, die du in diesem oder anderen Leben getätigt hast. Das Tolle ist: Es ist nicht immer notwendig zu wissen, was geheilt werden soll – Hauptsache, es heilt auf allen Ebenen.

Heilmeditation zu Geld und Finanzen

> Ich bedanke mich sehr dafür, dass hier und jetzt alle Heilung geschieht – Heilung in und bei meinen Finanzen und Geldflüssen. Heilung in meinem Sein, Denken, Fühlen, Sprechen und Handeln. Ich danke für jegliche Heilung in all meinen Körpern und Energiefeldern. Ich danke sehr dafür, dass all meine Energien vollständig ausbalanciert sind und in bester Weise frei durch all meine Meridiane fließen.
>
> Danke! Danke! Danke!

Heilung von Fremdenergien zu Geld und Wohlstand

Alle Energien, die Geldblockaden in meinem Leben verursachen, Sorgen und Ängste in und bei mir hervorrufen, mich in Unfreiheit und Unliebe festhalten, all diese Energien, die zu meiner Familie, meinem Partner, meinen Ahnen gehören, all jene, die zu Geisteswesen und allen anderen Menschen gehören, entlasse ich jetzt, und ich gebe sie hiermit voll und ganz in Liebe an ihre Urheber zurück. *(Bitte hier ausatmen!)*

Und auch all jene Energien der Macht und Kraft, die zu mir gehören und die ich versehentlich an andere Menschen und Wesen abgegeben habe, hole ich jetzt vollständig wieder zu mir zurück. *(Bitte hier einatmen!)*

Es ist sehr wichtig, die Fremdenergien wieder an ihre Urheber zurückzugeben. Gib sie in Liebe zurück und mit der Absicht, dass der andere nun die Gelegenheit ergreifen kann, selbst zu wachsen und den Weg der Selbstverantwortung zu bestreiten. Diese Energien haben jetzt die Möglichkeit, Heilung und Transformation zu finden. Leiste keine unbewusste Heilarbeit für andere. Damit hältst du andere dort fest, wo sie gerade sind. Sie sehen dann keinen Antrieb und keinen Reiz in ihrem Leben, aus ihrer schädlichen Komfortzone herauszutreten. Und du fällst zurück …

Heilung von alten Schwüren und Eiden zu Geld und Wohlstand

> Ich veranlasse nun für immer die gänzliche Auflösung all meiner alten Gelöbnisse, Schwüre und Eide aus diesem und allen früheren Leben in und bei Geld, Wohlstand und Reichtum, die mich und mein wahres Sein begrenzen sowie mich in Mangel, Armut und Krankheit festhalten.
> Ich entscheide mich jetzt für Freiheit, Liebe und Harmonie in allen Lebensbereichen.
> So will ich es. So ist es. So wird es sein.

Heilende Zeichen und Geldsymbole

Die Seele denkt symbolisch, abstrakt und nicht linear. Sie bedient sich einer universellen Sprache, die aus Farben, Licht und Energien besteht. Sie kommuniziert in Zeichen und Symbolen. Das ist die Sprache der Seele.

Wer also in Farben, Licht, Energien, Symbolen und Zeichen denkt, der macht sich seiner Seele verständlich. So können Botschaften, Eingebungen und Eindrücke der Seele leichter empfangen werden. Natürlich kommuniziert die Seele ebenfalls über Gefühle, Gedanken und körperliche Empfindungen. Und sie kann sich außerdem in deinen Träumen offenbaren. Die Seele findet immer Wege, mit dir in Kontakt zu treten, und sie redet auch immer mit dir. Doch am Leichtesten machst du es ihr, wenn du deinen Geist entspannst, so dass dein Gehirn in den Alphazustand eintritt, was du durch Meditation, Trance, Bewusstseinstraining oder Schlaf erreichen kannst.

Je entspannter du also bist, desto klarer kannst du dich mit deiner Seele austauschen. Wenn du dabei zusätzlich Farben, Licht, Energien, Symbole und Zeichen verwendest, dann nutzt du ihre universelle Sprache. Es gibt viele Symbole, und jedes davon hat eine ganz eigene Wirkung und Bedeutung.

Ich habe dir hier im Folgenden einige besonders kraftvolle Symbole zum Thema Reichtum, Fülle, Wandlung und Harmonie zusammengestellt:

Symbol	Erklärung	Synonyme
F	FEHU: Fehu ist die Rune der Erfüllung und verlangt eine tiefe Erforschung der Bedeutung von Profit und Gewinn.	Reichtum, Fülle, Gewinn, Nutzen, Profit, Vermögen, Wohlstand, Besitz
FRUCHT DES LEBENS	FRUCHT DES LEBENS: Die Frucht des Lebens wird der Weiblichkeit zugeordnet und symbolisiert die weibliche Schöpfungskraft. Sie wird als Muster der Fülle bezeichnet.	Schöpfung, Gestaltung, Weiblichkeit, Zulassen, Annehmen, Fülle, Pracht
∩∪	SINUS: Das Zeichen der Transformation. Es verändert unerwünschte Situationen und signalisiert den Wunsch nach Umkehrung.	Transformation, Veränderung, Wandlung, Umdrehung, Umkehrung
Y	YPSILON: Dieses Zeichen verstärkt Ziele und neue Absichten. Es hilft dir, deine Wünsche zu verwirklichen.	Aktivierung, Fokussierung, Stärkung, Vitalisierung, Energetisierung
71427321893 318798	Zahlen nach Grabovoi: Diese Zahlenreihen stabilisieren und aktivieren Themen rund um Geld und Finanzen.	Stabilisierung, Geldfülle, Reichtum, Ausgleich, Finanzkraft

Symbol	Erklärung	Synonyme
	Krafttiere Pfau, Bison und Koifisch: Diese Krafttiere stehen für Lebensfülle, Reichtum, Geld und Finanzerfolg	Erfolg, Wohlstand, Harmonie, Natürlichkeit, Urinstinkt
	GRANATAPFEL: Der Granatapfel ist ein Symbol für die Einheit in der Vielheit, für Fülle und schöpferische Gestaltungskraft. Er steht für Fruchtbarkeit und Liebe.	Fülle, Wohlstand, Harmonie, Frucht, Ernte, Pflücken, Liebe, Schöpfung
	METRATRON: Erzengel Metatron kann dich dabei unterstützen, deine Visionen im Leben zu verwirklichen und Klarheit über deine Ziele zu erlangen.	Visualisierung, Manifestation, Klärung, Zielfindung, Lebensfluss
	SHEFA (Kaballah): Ein heiliges Reichtumssymbol in der Kabbalah, das Fülle im Einklang mit dem göttlichen Plan manifestiert.	Göttlicher Plan, Göttliche Fülle, Innerer Reichtum, Ordnung, Einklang, Reichhaltigkeit

♥ *Was kannst du mit den Symbolen machen?*

Du kannst sie bei dir tragen, aufmalen, aufzeichnen, in die Brieftasche geben, als Amulett oder an der Kette tragen, sie immer wieder im Geist visualisieren und bei hinderlichen Gedanken und Emotionen zu Hilfe holen. Belastet dich beispielsweise etwas in deinem Leben, so schreibe es auf dem Sinus-Symbol auf, um dieses Gefühl, diese Last umzukehren in Leichtigkeit. Finde heraus, welchen Zustand du gerne stattdessen hättest, und schreib ihn zusätzlich auf das Ypsilon-Zeichen auf. Lass dich dann führen und erkenne erste Zeichen deines Weges zur Transformation.

♥ *Welches Symbol ist gerade das richtige?*

Frage dich, was dich in diesem Moment belastet, wohin du möchtest oder was dein nächster Schritt ist. Schau dir dann alle Symbole an und spüre hinein, bei welchem du eine stärkere Anziehung oder innere Veränderung wahrnimmst. Nimm dieses Symbol zu dir. Wichtig ist für dich nur, das Bild anzuschauen, nicht dessen Beschreibung zu lesen. Du magst vielleicht denken zu wissen, was dein Problem oder deine Lektion ist, doch liegen wir damit oft ganz falsch. Den wahren Grund kennt nur deine Seele, und wenn du es zulässt, dass sie sich mit deiner Intuition ausdrückt, dann wird sie dich zum richtigen Bild führen. Dein Denken will vermutlich woanders hin.

Zeit für Vergebung finden

Vergib dir selbst!

Wenn du es dir bisher sehr schwer im Leben gemacht hast, Geld, Erfolg und Wohlstand mit Anstrengung und Mühe angegangen bist, dann verzeihe dir dafür, dass du geglaubt hast, du musst dir ein Leben voller Qualen und Leid antun.

Wenn du dich immer wieder selbst sabotierst, besonders dann, wenn es schön, freudvoll und glückselig geworden ist, dann verzeihe dir dafür, dass du dir alles Wahre, Schöne und Gute nicht ganz gönnen kannst und du es dir deswegen vermiest. Du bist dabei zu lernen, sei geduldig mit dir selbst.

Wenn du dich mehr um andere kümmerst und sorgst, weil du von der Familie oder Gesellschaft gelernt hast, es sei lobenswert, dich für andere aufzuopfern, dann verzeihe dir, dass du dir ein Leben in Wohlstand und Erfolg bisher aus falschen Gründen verboten hast. Und sieh ein, dass du noch mehr helfen kannst, wenn du selbst in deiner Fülle bist.

Wenn du dir jedes Mal vergibst und dich mit dir selbst aussöhnst, so beginnst du langsam, dich selbst und das Leben mit anderen Augen zu sehen. Und der unbewusste Drang, dir Selbstqualen zuzufügen, verschwindet von alleine.

Nicht, weil du von ihnen nicht mehr lernen kannst, sondern weil du gelernt hast, genauso durch Freude, Begeisterung und Liebe zu wachsen.

Die Vergebung deiner selbst ist der Weg dorthin.

Ich vergebe mir

Alles, was ich jemals über mich selbst gedacht, getan, gesagt oder gefühlt habe, was nicht in Frieden, Liebe, Wohlstand und Harmonie war und mit Schuld und Verurteilung besetzt wurde, möchte ich nun voll und ganz wieder zurücknehmen. Ich tat es unbewusst, weil ich keinen anderen Weg sah und mir nicht bewusst war, dass ich alle Erfahrungen und Ereignisse in meinem Leben selbst erschaffe und manifestiere.

Ich nehme nun all meine Urteile zurück und bitte mich selbst um Verzeihung. Ich vergebe mir für alles, was ich gedacht, getan, gesagt oder gefühlt habe, das nicht der Freude, Liebe, Harmonie oder dem Erfolg diente. Mir und anderen gegenüber. Bitte verzeihe mir. Ich bitte von Herzen darum.

> All das, was ich mir selbst angetan habe durch Worte, Gedanken und Gefühle, was nicht in Liebe und Wertschätzung war, all diese Urteile nehme ich hiermit zurück. Ich weiß, dass jedes Urteil über mich selbst nicht meiner wahren Natur entspricht. Ich verdiene das Beste, genauso wie jeder andere.
>
> Ich ehre und wertschätze mich selbst. Ich ehre und liebe mich jetzt ganz so, wie ich bin. Mit all meinen Seiten und all meinen Polen.
>
> Ab jetzt gönne ich mir das Beste. Ich darf ganz genießen. Ich darf ganz sein. Ich darf alles.

Frieden mit der Familie schließen

Energie kann in ihren Polen männlich oder weiblich sein. Im Laufe der Jahre lernen wir die positiven und negativen Eigenschaften des Männlichen und Weiblichen kennen. Bereits als Baby kommt man mit Vater und Mutter in Berührung. Sie sind die Vorbilder für das Männliche und Weibliche.

Für Wohlstand, Erfolg, Fülle, Harmonie und Liebe brauchst du das Männliche genauso wie das Weibliche. Die Kraft dieser Energien kann von Eltern oder anderen männlichen und weiblichen Vorbildern kommen. Was du von Vater, Mutter und deinen Geschwistern mitgenommen hast, beeinflusst sehr stark die Art und Weise, wie du Erfolg erschaffst und deinen ultimativen Reichtum lebst.

Wer nun eine Abneigung gegenüber seiner Mutter oder seinem Vater hat, der läuft Gefahr, männliche und weibliche Energien von sich zu stoßen. Widerstand gegen die Eltern kann dazu führen, dass man mit den Geschlechterenergien im Konflikt lebt.

Ein Beispiel: Du verurteilst deinen Vater vielleicht, weil er in deiner Kindheit zu wenig Zeit für dich hatte. Jetzt, als Erwachsener, lehnst du damit nicht nur den Zeitmangel ab, sondern bist mit allen männlichen Energien im Konflikt. So kann es dir schwer fallen zu führen, dich durchzusetzen und etwas voranzubringen – eine Eigenschaft des Männlichen. Oder du gehst ins andere Extrem und bist im Männlichen gefangen, weil du diese Energie so sehr vermisst hast als Kind. Es hat ein Ungleichgewicht geherrscht, und das herrscht jetzt noch immer. Das Weibliche leidet darunter. Das sind dann Männer, die sich nicht fallen lassen können. Ihnen fällt es schwer, einfach nur zu sein und zu genießen.

Wer im Konflikt mit seinen Eltern steht, kämpft oft auch mit den männlichen oder weiblichen Energien des Kosmos. Vater und Mutter sind ja unsere ersten Vorbilder und Vertreter für das Männliche und Weibliche. Die Folge ist ein ständiger Kampf im Beruflichen und Finanziellen. Eine Möglichkeit, den Mangel wieder auszugleichen, besteht darin, dieses Ungleichgewicht wahrzunehmen, zu spüren und sich selbst das zu geben, was einem fehlt. Jetzt ist es an der Zeit, sich selbst Aufmerksamkeit, Liebe, Wertschätzung und Achtung zu schenken – all das, was die Eltern wahrscheinlich zu wenig oder gar nicht gegeben haben (oder geben konnten).

Man darf ruhig auf die eigenen Eltern wütend sein. Vergebung besteht oft aus mehreren Schritten, die man nicht einfach so überspringen kann. Enttäuschte müssen erst einmal lernen, wütend zu sein, um aus ihrer Opferhaltung herauszukommen. Daraus kann Trauer entstehen, und nur dann ist man überhaupt bereit zu verstehen, warum der Vater oder die Mutter so gehandelt hat und welchen Lernprozess das für einen bereithielt. Erst anschließend kann Vergebung geschehen. Wer seinen Eltern verziehen hat, der kann sein eigenes Leben womöglich leichter und freier so führen, wie er sich das wünscht. Es gibt keine Wunden mehr, keine Erwartungen, keine falschen Verstrickungen, die einen am Vorankommen hindern.

Und dann gibt es noch deine Ahnen, an die wir viel zu wenig denken. Wir glauben, nur weil Familienmitglieder verstorben sind, »leben« sie nicht mehr. Aber das ist nicht wahr. Die verstorbenen Mitglieder deiner Familie leben als Seelen weiter. Sie sind in einer anderen Wirklichkeit gelandet und widmen sich dort ihrer geistigen und spirituellen Entwicklung. Und sie haben großes Interesse daran, dass der ganze Familienstamm sich weiterentwickelt. So können wir mehr voneinander lernen und machen.

Die Ahnen freuen sich, dich in deiner Entwicklung zu stärken, sofern nichts zwischen euch steht. Sie nehmen dann den Platz hinter deinem Rücken ein und stärken dein Rückgrat. Auf der linken Seite nehmen alle weiblichen Ahnen deiner Familie Platz – also alle Großmütter und Urgroßmütter. Auf der rechten Seite deine männlichen Urväter. Sie stärken dadurch auch jene weibliche und männliche Energie, die du für ein erfolgreiches Leben in ultimativer Fülle benötigst.

In Harmonie und Frieden mit deinen weiblichen Ahnen zu leben bedeutet, für Geld und Erfolg empfangsbereit zu sein. Es fließt in dein Leben ohne Mühe und schweißtreibende Arbeit. Die männlichen Ahnen deiner Familie ebnen dir den Weg des Erfolgs und begleiten dich bei der Verwirklichung deiner Berufung.

Aber wie kannst du mit deiner Familie und deinen Ahnen Frieden schließen, wenn du noch mit all deinen alten Schmerzen und Wunden zu kämpfen hast? Wie gesagt, wenn du dir vornimmst, innere Harmonie walten zu lassen, dann geht es nicht um Harmonie für sie, sondern für dich selbst. Verstehe, dass jeder stets das Beste in seinem Leben macht und gemacht hat. Jeder ist nur zu dem fähig, was sein Bewusstseins- und Entwicklungsgrad gerade zulässt. Man kann keinem Erstklässler vorwerfen, dass er nicht multiplizieren kann. Genauso wenig kannst du deiner lieblosen Mutter vorwerfen, dass sie zu wenig Liebe zeigte. Sie war wohl selbst von seelischen Wunden gezeichnet und tat das, was sie eben tun konnte. Und das gilt auch für deinen Vater.

Deine Eltern haben ihr Bestes gegeben, so weit es ihr Bewusstseins- und Entwicklungsgrad nun einmal möglich machte. Werde dir auch klar, dass deine Eltern dich mit Erfahrungen gesegnet haben, die für dich ein dauernder Quell an Einsicht und Erkenntnis war. Dank ihnen hast du ein großes Bedürfnis danach, deine eigene Entwicklung voranzutreiben und ein noch besseres Leben zu führen. Für eines kannst du ihnen immer danken: dass sie dir das Leben geschenkt haben!

Liebe Ahnen, Eltern, Urgroßeltern, Geschwister und alle anderen Familienwesen!

> Bitte vergebt mir für alles, was ich euch jemals angetan habe und was nicht in der Akzeptanz war. Ich habe euch oft verurteilt und beschuldigt. Ich habe euch oft mit Augen des Hasses und der Enttäuschung gesehen. All das waren meine Emotionen, meine Beschuldigungen und meine Urteile. Ich wusste es nicht besser. Bitte verzeiht mir dafür. Ich vergebe mir selbst für all das, was ich gedacht, getan, gesagt oder gefühlt habe.

Und jetzt vergebe ich *euch* für alles, was jemals in diesem und allen anderen Leben vorgefallen ist, was uns Schmerz, Leid und Qualen zugefügt hat. Tief in mir bin ich davon überzeugt, dass jeder von uns das Beste tat, was ihm zu diesem Zeitpunkt möglich war. Tief in mir bin ich davon überzeugt, dass wir eines Tages erkennen werden, dass alles zu seinem Besten geschah.

Ich bitte euch um die Heilung unserer Beziehung. Ich bitte euch um euren Segen für mein Leben und meinen Weg in Freude und Liebe. Ich bitte euch um euren Segen für ein Leben in Fülle, Freiheit, Kraft und Wohlstand. Damit ihr auch so leben könnt, wie ihr es euch wünscht.

Ich gebe euch den Segen für all eure Herzenswünsche und Sehnsüchte, die in euren Seelen weilen. Ich gebe euch den Segen für ein Leben, das euch das Beste zu geben vermag. Euch allen gebe ich meinen Segen für ein Leben in Freiheit und Heilung. Ich gebe euch den Segen für ein Leben in Frieden und Harmonie.

Bitte lasst uns jetzt für immer Frieden schließen. Ich bin bereit dafür. Ich verbeuge mich vor eurer Weisheit und göttlichen Natur. Ich erkenne nun, dass ihr alle Seelen seid, die aus derselben Quelle stammen. Auch ihr wünscht euch ein Leben in Glück und Mitgefühl, tief in euch, das weiß ich.

Danke, dass es euch gibt und danke, dass wir gemeinsam diesen Weg der Erkenntnis und Einsicht gegangen sind. Danke für alles, was bisher geschehen durfte.

Ich nehme mir jetzt die Freiheit heraus, für immer Frieden in mir und mit euch zu schließen. Danke aus ganzem Herzen. Ich bin jetzt frei, mein Leben glücklich zu leben.

Der bewusste Geld-Guru

Guru ist ein altes Wort für einen Lehrer, der dich von der Dunkelheit ins Licht führt. Ein wahrer Guru ist dein Mentor, der nur das Beste für dich im Auge hat. So auch deine Freiheit und deine Unabhängigkeit. Ein Guru ist selbst durch den Schatten gegangen und dringt immer tiefer ins Licht vor.

Das Geld ist lange genug durch den Schatten gegangen. Es hat sich den dunklen Energien des Menschen untergeordnet. Jetzt ist es an der Zeit, dass immer mehr Menschen die lichten Seiten des Geldes zu nutzen wissen. Entscheide dich daher, ein bewusster Geld-Guru zu werden.

Ein bewusster Geld-Guru ist tief und fest mit sich selbst und seinen Werten verankert. Er ist ein Werteschaffer. Er schafft Werte, also etwas Wertvolles, das sein eigenes Leben und das anderer Menschen bereichert. Er weiß ganz genau, warum er hier ist und wozu er bestimmt ist.

Der bewusste Geld-Guru lässt sich durch nichts von seiner Lebensaufgabe ablenken oder manipulieren. Er verschwendet seine Zeit nicht mit sinn- und nutzlosen Dingen.

Sinnlose Tätigkeiten schaffen keinen tiefen Wert für dich und andere Menschen. Sie sind Belanglosigkeiten, die den Tag füllen, aber nicht erfüllen. Komme daher aus dieser Hamsterfalle heraus und atme einmal auf. Das Hier und Jetzt ist der Ort, an dem du tief mit dir selbst, deinen Wünschen, Bedürfnissen und deiner persönlichen Wahrheit verbunden bist. Sei dir in jedem Moment klar, wonach du dich sehnst.

Geld zeigt dir, ob du bei dir selbst, deinen Wünschen und Bedürfnissen geblieben bist oder orientierungslos und zerstreut durchs Leben gehst, ohne klaren Fokus. Geld zeigt dir, ob du deine Potenziale und Fähigkeiten lebst oder sie vernachlässigst. Es ist ein Barometer dafür, ob du zu dir selbst, deinem Wert und deiner Kraft stehst. Geld ist ein Guru – und vielleicht auch *dein* Guru.

Geld verbindet dich wie eine Brücke mit der geistigen und materiellen Welt. Es kann dir helfen, Ideen und geistige Bilder physisch wahr werden zu lassen. Geld schafft die Brücke zwischen Geist und Materie.

Wir befinden uns gerade mitten in einer evolutionären Entwicklung, denn der Mensch von heute ist nicht mehr der Mensch von vor 100 Jahren. Und der Mensch von jetzt ist nicht der Mensch der Zukunft. Wir haben nun die Gelegenheit, mit der Evolution zu gehen und uns zu bewussten denkenden und handelnden Menschen zu entwickeln, die ein neues Geld- und Erfolgsbewusstsein schaffen. Ein Bewusstsein, welches das Feld von Angst, Mangel und Zerstörung hinter sich lässt und es in Liebe, Harmonie, Überfluss und Reichhaltigkeit wandelt.

Bisher hatten wir den Krieg fürs Überleben, die Konkurrenz fürs Übertrumpfen und den Drang zu manipulieren. Die Zukunft darf anders aussehen. Der bewusste Geld-Guru entscheidet sich dafür, tiefe Werte zu kreieren, Liebe und Verbundenheit zu leben, sich zu verwirklichen und dabei immer reicher an Wohlstand, Erfahrungen und Freude zu werden.

Ganz gleich, wer du heute bist, was du gerade besitzt und mit welchen Schwierigkeiten du zu kämpfen hast, du bist ein kostbarer Mensch und eine erlesene Seele.

Nutze das Geld zur Ausdehnung deiner Liebe und Kraft, deiner inneren Schätze und Reichtümer. Lass dein Geld zum Ausdruck deines glanzvollen Selbst werden und bring damit die Welt zum Leuchten.

Bonuskapitel

Die vier negativen Gefühlsmuster rund ums Geld, die sich Liebe und Heilung wünschen

*Geld ist eine große Hilfe.
Mit Geld kann man die Umwelt schonen,
etwas im Leben verbessern, sich und andere
heilen, mehr Freiheit gewinnen und Licht
sowie Liebe verbreiten.
Geld leistet damit seinen Beitrag zum ultimativen Reichtum in deinem Leben, der
dein Herz und deine Seele aufblühen lässt.*

Schuld

Viele Menschen sind verschuldet. Aber nicht nur jeder Einzelne kämpft mit Schulden, auch ganze Staaten bekommen ihre Defizite nicht mehr in den Griff. Wir müssen uns daher wichtige Fragen stellen. Was treibt uns immer wieder in die Schuldenfalle? Warum schaffen wir Geldsysteme, die immer mehr Schulden machen? Was ist die psychologische Ursache?

Im Wort »schulden« steckt unübersehbar das Wort »Schuld«. Und die meisten Menschen fühlen sich »schuldig«. Sie fühlen sich schuldig, dass sie ihr Leben nicht auf die Reihe kriegen, zu wenig leisten, nicht gut genug sind und viele Fehler gemacht haben. Sie werden auch »Schuldner« genannt, und vor Gericht werden sie zum »Beschuldigten«. Ganze Nationen tragen die Schulden der Vergangenheit.

Aber woher kommen diese Schulden? Sind etwa Schuldgefühle die Verursacher unserer Defizite? Tragen wir in uns ein so großes Schuldbewusstsein, dass wir schuldige Handlungen setzen, die Schulden bringen? Schau dir an, ob Schuld in dir einen Deal mit dem Geld eingegangen ist. Denn das könnte erklären, warum du in einer Schuldenspirale gefangen bist, die immer weiter nach unten dreht.

Jeder Mensch hat tief in sich ein Gefühl sitzen, das ihm Folgendes ins Ohr flüstert: »Du bist nicht gut genug. Du hast es nicht verdient. Es steht dir nicht zu, es einfach und leicht zu haben.« Somit steht es dir auch nicht zu, mit Leichtigkeit und Gelassenheit Geld zu haben. Und wenn du dann dein Geld verdienst oder etwas besitzt, dann kannst du es dir nicht voll und ganz gönnen. Und da du es dir nicht gönnen kannst, entsteht Schuld. Und damit die Schuld erträglicher wird, entscheidest du dich, immer härter zu arbeiten und es dir schwerer zu machen.

Menschen mit Schuldgefühlen, die ihr Geld sehr leicht verdienen, fast schon ohne jegliche Mühe oder Anstrengung, haben es noch schwerer. Diese Menschen verlieren manchmal über Nacht ihr ganzes Geld wieder. Dahinter steckt das Muster: »All dies Gute in meinem Leben darf es nicht geben. Weil ich es nicht wert bin.«

Um der Schuldenfalle zu entkommen, musst du dich wieder als ein völlig unschuldiges, reines Wesen sehen. Und auch das Geld von aller Schuld reinwaschen. Geld ist in seiner Essenz völlig unschuldig. Geld ist so rein wie ein Wasserfall in den Bergen. Geld ist genauso spirituell wie der Buddha, den du auf deinem Alter stehen hast. Zwischen Geld und Spiritualität herrscht keine eiserne Mauer.

Befreie daher Geld von seiner Schuld – und nicht nur das Geld, sondern dich selbst genauso.

Übung zur Befreiung des Schuldbewusstseins, die du jetzt machen kannst:

- Nimm einen großen Geldschein (oder etwas, was du besitzt, oder ein Foto davon).

- Halte den Gegenstein auf Herzhöhe – in der Mitte deiner Brust – und atme mehrmals ein und aus.
- Stelle nun eine Verbindung auf – fühle einmal, wie sich Geld oder Besitz anfühlt.
- Lass dir ruhig Zeit dabei, all deine Gefühle und Gedanken aufkommen zu lassen.
- Merkst du, dass es sich nicht so gut anfühlt? Oder hast du hin und wieder ein seltsames Gefühl?
- Sag diesem seltsamen Gefühl oder der Schuld, wenn du welche verspürst: »Ich weiß nicht, woher du kommst, doch ich sehe, dass du da bist. Und das ist in Ordnung.« Lass dir Zeit und sprich folgende Wörter in dir oder laut aus: »Ich befreie jetzt alles Geld und allen Besitz in meinem Leben von Schuld und Scham, die ich ihm auferlegt habe.« *(Tief ein- und ausatmen.)* »Und ich befreie mich jetzt von aller Schuld in mir. Ich bin tief in meinem Kern ein reines, unschuldiges Wesen.« *(Wieder tief ein- und ausatmen.)*
- Lass dich jetzt von einer weiß glitzernden Lichtdusche vollkommen reinwaschen. Warte, bis sich alles wieder ganz frei von Schuld und Scham anfühlt.
- Lass dich und dein Geld, das du an deiner Brust hältst, von diesem weißen Licht gänzlich reinwaschen.
- Wiederhole diese Übung täglich – bis alle Schuld gewichen ist und du dich frei von Schuld fühlst.

Du kannst diese Übung auch mit anderen Themen machen. Du kannst sie auf Menschen und Situationen gerichtet durchführen. Wenn es gut gelaufen ist – und das ist wichtig –, fühlst du dich danach rein und erleichtert.

Schuld ist wie eine offene Wunde, die sich nach Heilung sehnt. Wahre Heilung kommt einzig mit Liebe und Segen. Wenn du also an Geld, Besitz, Menschen oder dich selbst denkst, sieh alles frei von Schuld. Dann wird nicht mehr Schuld der Tanzpartner des Geldes sein, sondern die Liebe.

Minderwertigkeit

Ist Geld wirklich nur Mittel zum Zweck? Wenn man einem Menschen sagen würde, er wäre nur Mittel zum Zweck, wäre er nicht gerade glücklich darüber. Nur Mittel zum Zweck zu sein trägt die Energie der Minderwertigkeit und mangelnden Wertschätzung. Wenn wir Menschen missachten, dann machen sie lieber einen großen Bogen um uns. Beim Geld ist es nicht anders.

Jene Menschen, die Geld nur als Mittel zum Zweck sehen, stecken meistens voller Geldprobleme. Sie kriegen ihr eigenes finanzielles Leben weder emotional noch zahlenmäßig auf die Reihe. Es fehlt ihnen ein gesunder und ausbalancierter Umgang mit Besitz, Vermögen und Wohlstand. Sie verstecken sich lieber hinter auferlegten Dogmen und Normen, um angepasst zu wirken. Doch den Wert eines Gegenstandes zu missachten oder herabzustufen, hat nichts Heiliges an sich, mehr etwas Scheinheiliges.

Solche Menschen hingegen, die sich bei Geld immer die Hände reiben, sind der Gier und Habsucht verfallen. Für sie ist Geld viel wert, aber der Missbrauch steht im Vordergrund. Sie missbrauchen das Geld für ihre Süchte, Ängste und Selbstwertkomplexe. Genauso wie wir es mit Süßigkeiten, Alkohol, Drogen und in menschlichen Beziehungen auch machen.

Was zeichnet Geld denn nun wirklich aus, und welchen Wert hat es? Grundsätzlich ist Geld die Zahl wert, die es aufgedruckt hat. Doch Geld hat auch einen emotionalen und psychologischen Wert. Für den einen Menschen können 100 Euro »nur« 100 Euro sein, für einen anderen kann ein solcher Schein die Welt bedeuten.

Wenn wir an Geld denken, müssen wir daher in Werten denken – und diese Werte frei von eigenen Verblendungen und den Schein anderer betrachten.

Aber manchmal fällt es dir schwer, nüchtern und klar den Wert des Geldes zu erkennen. Der Grund: Du fühlst dich minderwertig. Hinsichtlich seiner Wortbedeutung leitet Geld sich von »Vergeltung« ab. Das bedeutet, du machst dich klein. Und alles, was größer als du selbst ist, empfindest du als Gefahr, also auch das Geld. Oder du fühlst dich dermaßen klein, dass du dich scheingroß machst. In beiden Fällen geschieht es aus Angst. Aus der Angst davor, sich klein zu fühlen.

Diese Angst kommt besonders in Anwesenheit anderer Mensch hoch, die mehr haben als du. Es handelt sich dabei um Urschmerzen, die in deinem Selbstwert begründet liegen. Du sehnst dich dann einfach nach etwas, was die Leere und Wertlosigkeit in dir füllen kann. Sprich, du suchst nach Ablenkung. Du willst dich vor allem ablenken, weil du es nicht wahrhaben willst, dass du dich nicht selbst liebst.

Wenn du dich nicht liebst, hältst du so sehr am Geld fest, dass es in deinem Griff erstickt. Geld ist aber Energie, und Energie will sich frei entfalten und fließen können. Es ist daher an der Zeit, die Liebe zu dir selbst zu entdecken. Diese Liebe ist auch die Liebe zum Geld. Lebst du diese Liebe, verwandelt sich »Vergeltung« in »Vergütung«. Und die Vergütung bekommt einen Wert, die zu Wertschätzung wird.

Übung zur Befreiung von Minderwertigkeitskomplexen, die du jetzt machen kannst:

- Atme tief ein und sprich folgenden Satz: »Ich akzeptiere, dass ich manchmal lieblos mit mir umgehe. Ich akzeptiere, dass ich mich manchmal auch klein und wertlos fühle. Das ist schon in Ordnung, es ist menschlich.«
- Stell dir vor, wie sich vor dir ein Heilbrunnen zeigt, gefüllt mit heilendem Wasser. Du siehst, dass das Wasser hell leuchtet. Du kannst dem Wasser auch eine Farbe geben, die für Heilung steht.
- Lege nun all deine Gefühle der Unliebe und Minderwertigkeit in eine Schüssel. Reinige sie im Wasser aus dem Heilbrunnen und nimm die Gefühle wieder an dich. *(Atme tiefer ein.)*
- Stell dir nun vor, wie du einen (kleinen) Geldschein zur Hand nimmst. (Du kannst auch tatsächlich einen nehmen oder etwas anderes, was du besitzt, oder ein Foto davon.)
- Du kannst das Geld in den Heilbrunnen tauchen und dann wieder an dich nehmen. Das Wasser wäscht es von jeglicher Verblendung frei.
- Atme mehrmals tief ein und aus.

Achte ab jetzt immer darauf, dass du dich selbst wertschätzend behandelst. Ja, du dich selbst. Je mehr Wertschätzung du dir selbst entgegenbringst, desto leichter fällt es dir, die Beziehung zu Geld wertschätzender zu gestalten. Und wertschätze ab jetzt jeden einzelnen Cent in deinem Leben. 1 Cent will genauso wertgeschätzt werden wie 1.000.000 Euro.

Bedürftigkeit

Die Ursache von Gier und Neid ist Bedürftigkeit. Hinter Bedürftigkeit steckt die Angst, dass nicht genug da ist. In den meisten Fällen ist diese Angst nicht gerechtfertigt. Sie existiert nur im Kopf des Menschen. Der Urmensch hatte stets mit Hunger und Verknappung zu kämpfen. Diese Angst steckt tief in den Knochen und wird von einer Generation zur nächsten gereicht. Sie ist in den Körperzellen gespeichert.

Ein Mensch, der sich bedürftig fühlt, hat Todesangst. Auch wenn er mit Luxus, Häusern, Essen und Autos bestens versorgt ist, kämpft er weiterhin ums Überleben. Der Körper ist stets in einem Alarmzustand. Alarmzustand ist ein anderes Wort für Stress. Der Stress wird so groß, dass der Körper ihn nicht bewältigen kann. Und wenn wir diese seelische Wunde nicht heilen, verhalten wir uns habgierig und feindlich.

Du musst dir daher klarmachen, dass die Angst vor Verknappung und Mangel lediglich im Kopf und deinen Körperzellen herrscht. Sie ist nicht real. Dein Sein ist unendliche Fülle und Reichtum. Aber die Wahrnehmung ist eine ganz andere. Das Reptilienhirn des Menschen, das auf Überleben programmiert ist, sendet Angst-Alarm aus. Dieser macht blind. Du triffst unklare Entscheidungen und setzt unweise Handlungen, die dein finanzielles Leben negativ beeinflussen.

Akzeptiere trotzdem, dass du dich bedürftig fühlst und dein Körper Angst vor dem Sterben hat. Diese Erfahrung ist eine rein menschliche. Entscheide dich gleichzeitig, einen weiteren Schritt zu gehen. Richte nun deine Aufmerksamkeit auf den Reichtum in dir und um dich herum.

Du bist ein Mensch voller Ideen, Gedanken, Gefühle, Impulse, Talente und Potenziale. Du bist ein Lebewesen voller

Energie. Du hast einen Körper und einen Geist. In dir stecken Selbstheilungskräfte, und du hast ein Herz, das fähig ist zu lieben. All das müsste jede Bedürftigkeit in dir in den Schatten stellen.

Bedürfnisse zu haben ist völlig natürlich. Es steht dir zu, von allem genug zu haben, was dich erfüllt und glücklich macht. Bedürftigkeit aber erinnert dich immer wieder daran, dass du für dein Überleben kämpfen musst und andere hintergehen oder manipulieren sollst. Es ist stets mit der Angst verbunden, alles zu verlieren.

Nicht mehr bedürftig zu sein bedeutet, dass du dich sicher, umsorgt und geborgen fühlst, genau dort, wo du gerade im Leben stehst. Du bist voller Vertrauen, dass es richtig ist, wie es jetzt ist. Du bist fähig, deine inneren und äußeren Lebensumstände zu verändern.

Übung zur Befreiung von Bedürftigkeit, die du jetzt machen kannst:

- Stell dir vor, es gibt diesen Ort, wo alles für dich da ist. Alles, was du willst und brauchst, um glücklich, frei und gesund zu sein. Ein Ort, an dem deine wahre Natur aufblüht und erstrahlt.
- Reise mental zu diesem Ort und schau dir an, wie es dort ist. Wie fühlt es sich an? Was siehst du? Welche Farben umgeben dich? Wie ist die Luft, was isst und trinkst du? Hier ist in jeder Hinsicht für dich gesorgt. Du bist frei von allen Sorgen.
- Schau dich gut um, wo du gerade bist und wie dieser

> Ort der Geborgenheit aussieht. Bleibe dort, solange du möchtest.
> - Lade nun diesen Ort ein, in dir und deinem Körper Platz zu nehmen. Du kannst dir vorstellen, dass sich dieser Ort zu einer farbigen Lichtkugel formt.
> - Strecke deine Hände aus und sieh, wie die Lichtkugel sich in deine Hände schmiegt. Nun bringe sie mit deinen Händen zu deinem Herzen und sieh, wie sie ihren Platz einnimmt in deinem Herzen. *(Einatmen!)*
> - Lass nun die Farbe dieser Lichtkugel von deinem Herzen aus im ganzen Körper nach oben und unten strahlen und um dich herum.
> - Lass sie nun auch um dich herum (in deine Aura) strahlen, etwa eine Armlänge weit um deinen ganzen Körper herum. *(Tiefer ein- und ausatmen!)*
> - Stehe jetzt auf und gehe einige Schritte mit diesem Gefühl des vollkommenen Ausgefülltseins.

Wann immer jetzt das Gefühl von Bedürftigkeit in dir aufkommt, sei lieb zu diesem Gefühl. Behandle es gut. Du musst Gefühle in dir wie beste Freunde behandeln. Erst dann können sie heranwachsen und sich verändern.

Unsere Gefühle brauchen all unsere Liebe.

Ablehnung

Ein Granatapfel steht symbolisch für die Fülle und Frucht des Lebens. Wenn wir ihn in der Mitte zerteilen, fließt sein roter

Saft heraus. Wie fruchtig und frisch das eigene Leben ist, zeigt sich daran, wie sehr wir es bejahen. Lehnen wir etwas ab, etwas an uns oder im eigenen Leben, schneiden wir uns immer ins eigene Fleisch. Unser Blut, und damit die Lebensenergie, gerät ins Stocken. Sie fließt nicht mehr.

Wenn wir nicht zum Geld stehen, lehnen wir es ab. Wir lehnen etwas ab, was Teil unseres Lebens ist. Alles, was Teil unseres Lebens ist, ist auch ein Puzzlestück von uns selbst. Wenn wir es wegwerfen, geht auch ein Teil von uns verloren. Was dabei zusätzlich verloren geht, ist Kraft. Die Kraft, das eigene Leben selbstbestimmt zu führen. Und dann fühlen wir uns machtlos, unser finanzielles Leben zu verändern. Es fühlt sich chaotisch und unberechenbar an.

In diesem Zustand ist es schwer, die richtigen Entscheidungen zu treffen. Du lässt dich dann zu sehr von Angst und Unsicherheit leiten. Du verlierst das Gespür dafür, welche Verbindung du mit Geld hast. Denn wenn du es ablehnst, hast du die Beziehung beendet.

Die christliche Kirche und andere Religionen machen es schon seit vielen Jahren so: Sie verfluchen das Geld und alles Materielle im Leben. Buchstäblich. Sie glauben, indem sie Geld und Besitz ablehnen, wird mehr Liebe und Mitgefühl gelebt. Doch das Gegenteil ist der Fall: Je mehr wir etwas ablehnen, desto stärker zeigen sich dessen Schattenseiten – in diesem Fall Machtmissbrauch und Missgunst.

Lehne daher Geld oder Besitz nicht ab, weil du glaubst, es wäre minderwertig, zweitrangig oder gar konfliktstiftend. Erlaube dir, die Existenz des Geldes zu akzeptieren. Sieh auch die positive Arbeit, die es täglich auf dieser Welt verrichtet.

Was genau lehnst du hier denn ab? Du lehnst vielleicht die negativen Emotionen ab, mit denen der Mensch das Geld besetzt hat. Aber das ist nicht die Essenz des Geldes.

Geld ist in seinem Kern frei von unseren Emotionen und Gedanken, eine reine Quelle. Eine Ressource, die ein Hilfsmittel dafür ist, dein Leben bewusster zu gestalten. Ein energetisches und materielles Tauschmittel für Güter und Dienstleistungen. Du lehnst nur die Emotionen ab, die Geld in dir weckt. Und die sind angelernt.

Übung zur Befreiung von Ablehnung, die du jetzt machen kannst:

- Stell dir deinen Geldfluss vor – einen Fluss mit fließendem Wasser.
- Achte darauf, ob dieser Fluss von Emotionen wie Stress, Wut, Angst oder Ärger getrübt ist.
- Lass dann geistig eine Kläranlage am Anfang des Flusses auftauchen, die alle Emotionen filtert. Das Wasser kommt komplett rein und strahlend heraus.
- Werde dir klar darüber, ob noch weitere Gifte deinen Geldfluss verseuchen. Vielleicht siehst du hier und da ein Ventil oder eine Pumpe, durch die etwas reinfließt.
- Sollte das der Fall sein, dann stell dir vor, wie lauter kleine Glitzersteinchen diese Emotionen komplett einsaugen. Sie sind heilende Bakterien, die jeglichen Schmutz auffressen.
- Wenn du fertig bist, drehe dieses Ventil einfach ab. Die Kläranlage kannst du vorsichtshalber lassen.

Das Gegenteil von Ablehnung ist Akzeptanz. Ein anderes Wort für Akzeptanz ist Einsicht. Du siehst ein, dass Geld existiert, ein Teil von uns ist und ursprünglich als Hilfsmittel gedacht war. Jeder Mensch entscheidet selbst, was er damit macht. Du kannst jetzt entscheiden, mit welcher Energie und Intention du deine Finanzen führen willst.

Nachwort

Das neue Geld-Zeitalter

Mein Unfall mit dem Moped hat mich emotional erschüttert. Ich bin auf einer Hauptstraße in leichter Bekleidung auf dem Beton aufgeprallt. In dem Moment wusste ich nicht, ob ich jemals wieder in meinem Leben gehen werde. Ich werde von Schmerzen und Ängsten geplagt. Auf dem Asphalt liegend sehe ich Menschen, die sich um mich herum scharen. Trotz Schockzustand wird mir wieder klar, dass ich mich auf der Insel Bali befinde. Das Leben hat mich vor längerer Zeit hierher geführt. Aus dem Fenster des Krankenwagens sehe ich die Reisfelder und Kokospalmen, welche die Insel so reich an Natur und Schönheit machen. Auf der anderen Seite erstreckt sich majestätisch der Indische Ozean, der vor Kraft und Ruhe strotzt. Das Meer verliert nie seine gewohnte Schönheit, es hat auf mich immer schon eine magische Wirkung ausgeübt.

Ich liege auf einem klapprigen Bett in der Notfallstation des dörflichen Krankenhauses, und mein Blick richtet sich auf die weiße Decke. Dort entdecke ich lauter Geckos, die von allen Seiten zu kommen scheinen. Diese wundersamen Eidechsen leben überall auf der Insel, und trotzdem überrascht es mich sehr, dass ich sie in einem Krankenhaus sehe, genau über mir. Ich habe stark den Eindruck, dass sie meinetwegen da sind. Sie möchten mir Beistand und Hilfe leisten. Irgendwer hat sie gerufen, und mir wird klar, dass ich es war. Im Krankenwagen habe ich gemeinsam mit meiner damaligen Praktikantin um Hilfe gebeten, und mein Gebet wurde erhört. Die Geckos stehen für Glück, Heilung und Regeneration, und wenn so ein Unfall geschieht, dann sehnt man sich nach genau diesen Energien. Außerdem beten Freunde für mich, und mein Partner vollzieht vor mir energetische Heilung an meinem Knie, bis die Ärzte zu mir kommen. Kollegen kümmern sich um die Organisation und geben mir gleichzeitig Halt. Immer wieder durchdringt mich ein Gedanke, auch wenn ich unter Schock stehe: Ich bin wirklich reich. Reich an Hilfe und Unterstützung. Reich an Fürsorge und Menschen, die sich um mich kümmern. Reich an Geld, mit dem ich gleich die Spitalkosten bezahlen kann. Ich bin wirklich ein reicher Mensch – und gleichzeitig so erschüttert.

Noch Tage nach dem Unfall plagt mich jeden Morgen die gleiche Frage: »Warum bin ich heute noch am Leben? Warum bin ich hier?« Und ich habe erst dann die Kraft, aufzustehen und irgendetwas anzugehen, wenn ich eine ganz klare Antwort darauf habe. In den ersten Tagen dauert es jeden Morgen bis zu einer Stunde, bis ich etwas gefunden habe, das mir Lust gibt zu leben. Und zusätzlich beschäftigt mich tagtäglich die Frage, warum der Unfall überhaupt geschehen musste. Habe ich etwa den Ort der Liebe und Harmonie verlassen und mich stattdessen von Druck, Hast, Angst und Sorgen dominieren lassen? Auch wenn Unfälle nichts Schönes an sich haben, einen Sinn haben sie immer: Alles, was bisher so erschien in meinem Leben, verliert jetzt an Bedeutung, und die Dinge bekommen einen neuen Stellenwert. Auf wundersame Weise verändert sich die Perspektive auf alles. Mir wurde in dem Moment klar, dass ich mehr meine Träume und Wünsche leben möchte, ohne Wenn und Aber.

Reichtum und Wohlstand ganz anders erschaffen

Es muss möglich sein, ein Leben in Reichtum und Wohlstand zu führen, ohne dabei seine Gesundheit, Harmonie und Liebe auf Spiel zu setzen. Es muss möglich sein, Geld und Fülle auf ganz leichte, einfache und freudige Weise in sein Leben fließen zu lassen. Es muss möglich sein, Geld und Liebe miteinander zu vereinen. Es muss möglich sein, ganz anders Geld zu verdienen als durch schwere Arbeit, wie es unsere Generationen bisher getan haben. Es muss einfach möglich sein, ohne Mühe und Kraftanstrengung, die einem die letzte Energie aus den Zellen saugt, ein Leben in Wohlstand und Reichtum zu kreieren. Und es muss möglich sein, Geld frei von Manipulation, Gier, Neid und Existenzangst in den Händen zu halten. All das muss möglich sein. Diese Gedanken begleiteten mich täglich im Krankenbett.

Dann wird mir klar, warum ich dieses Buch geschrieben habe. Ich komme aus einer einfachen Familie, in der jeder hart für sein Geld arbeiten musste. Für Geld wurde auch gelogen und betrogen. Ich kenne Menschen um mich herum, die für Geld ihre Gesundheit aufs Spiel gesetzt haben und sehr krank wurden. Und trotzdem lebten sie immer im Mangel. Ich dagegen wollte immer reich, glücklich, gesund und wohlhabend sein. Später träumte ich davon, dass ich einen Job habe, der mich erfüllt, Freude bringt und reichlich Erfolg. Doch das Gegenteil geschah. Ich lebte phasenweise von Sozialhilfe und wenigen Euros pro Tag. Mein erstes Business musste ich aus Mangel an Einkünften schließen. Meine Wohnsituation war auch nicht gerade einfach. Ich pendelte zwischen der Wohnung meines Partners und der meiner Mutter. Ein richtiges Zuhause, in dem ich mich wohlfühlte, hatte ich lange Zeit nicht.

All das gab mir aber auch den Druck, die Kraft, den Antrieb, den Ärger und was sonst noch, um aus dem Leben in Mangel, Furcht und Angst auszubrechen. Ich werde nie den Moment vergessen, an dem ich nach einer schmerzhaften Steißbeinprellung aus dem Krankenhaus ging, weil sie mich dort nicht versorgen wollten. Denn ich hatte keine Krankenversicherung, ich konnte sie mir nicht leisten.

Der Glaube an dich selbst

Da ich mit meinem Leben selten zufrieden war, ging ich zu Therapeuten, Coaches, Heilern und sonstigen Helfern. Ich besuchte Seminare und Vorträge, machte Ausbildungen und las Tausende von Büchern über die Kunst des Reich- und Glücklichwerdens. Es interessierte mich einfach alles sehr – wie man inneren Reichtum erlangt genauso wie materiellen und finanziellen. Eine Wahrsagerin sagte einmal zu mir, ich sei hierher gekommen, um materielle Fülle und spirituellen Reichtum zu realisieren und friedlich miteinander zu vereinen. Und ich glaube, dass zurzeit für viele Menschen genau das Gleiche gilt.

Als ich dann eines Tages bei einem Medium landete, war ich sehr erstaunt darüber, was mein Engel zu mir im Channeling sagte: »Glaube an dich selbst. Du zweifelst zu sehr an dir. Du musst lernen, dir selbst zu vertrauen und an dich zu glauben. Lade die Fülle in dein Leben ein. Sei reich und stehe zu deinem Reichtum. Zeige dich. Zeige dich, deine Talente und Fähigkeiten, verstecke dich nicht. Sei du selbst und entscheide, wer du sein willst. Du entscheidest, was du willst. Und ich bin bei dir, immer da, wenn du mich rufst.«

Ich war nach dieser Sitzung wie vor den Kopf gestoßen. Ich dachte nämlich, mein Engel würde mir sagen, ich solle mehr meditieren, öfter beten, spenden und Gott und der Welt dienen. Das war aber gar nicht der Fall. Stattdessen sprach er zu mir wie ein nüchterner Erfolgstrainer und gab mir die Kraft, meinen ganz eigenen Weg zu gehen.

Die Worte des Mediums haben mich sehr berührt.

Reich und arm – mein Leben in Extremen

Ich kenne beide Seiten. Die Seite des Reichtums und die Seite der Armut. Das Leben hat mir stets beide Extreme gespiegelt. Mal gab es Tage, an denen ich wieder in die kleine elterliche Wohnung zurückkehren musste, an anderen erwachte ich in einem Luxusappartement oder einer Hotelsuite irgendwo auf der Welt. Oder ich war längere Zeit arbeitslos und kurze Zeit später eine angesehene Führungskraft. Oder ich konnte mein Ticket für die Bahn nicht bezahlen und saß wenige Tage danach in einer Limousine mit Chauffeur auf dem Weg von Nizza nach Cannes.

Jahrelang hatte ich keine eigene Wohnung, und nun wache ich in einer Villa in einem Luxusresort auf Bali auf. Ich hatte immer wieder einen Fuß in der Armut und den anderen im Reichtum. Und manchmal hat mich der Spagat einige Nerven gekostet. Doch ganz gleich, auf welcher Seite ich mich gerade befand, ich hatte immer mit den gleichen Sorgen und Ängsten zu kämpfen. Ich spürte immer wieder Existenzängste, Unsicherheit und Sorgen – egal ob mit oder ohne Geld. Und so wurde mir klar, dass die Lösung ganz anders aussehen muss, als bloß mehr Geld und Erfolg zu haben. Mir wurde klar, dass es zunächst darum geht, tiefer in mich hineinzusehen und mich meinen Ängsten zu stellen.

Ich musste auch lernen, mich zu zeigen und meine Fähigkeiten nach Außen zu bringen, was das Schwierigste am Ganzen war. Schon Nelson Mandela meinte einst, dass wir mehr Angst davor haben, in unserer Pracht und Größe zu erstrahlen und reich zu sein als arm zu leben.

Ich erforschte schließlich die Fülle des inneren und äußeren Reichtums, um dieses innere Spiel besser zu beherrschen. Ich wollte meine wahre Essenz entdecken, in *das Herz des Geldes* eintauchen und Erfolg mit Liebe und Harmonie vereinen. Das gab mir den Antrieb, dieses Buch zu schreiben. Es war für mich eine heilende und transformative Erfahrung – und so wird es auch auf dich wirken!

Die vielen Facetten des Geldes

Schon immer träumte ich davon, reich und berühmt zu werden. Es war für mich das Selbstverständlichste auf der Welt, reich an allem zu sein, selbst wenn die Realität, in die ich geboren wurde, mir genau das Gegenteil zeigte.

Dieses tief sitzende innere Bedürfnis begleitete mich und prägte meinen Wunsch, anders zu denken und zu sein als die anderen. Die vielen Facetten des Geldes übten eine magische Kraft auf mich aus. Das Geld drängte mich, meine Gaben und Fähigkeiten zu entwickeln. Es trieb mich an, mich von Menschen und Energien zu lösen, die mir schadeten. Es konfrontierte mich mit meinen eigenen Schattengefühlen wie Neid, Angst, Gier und Manipulation. Geld gab mir die Kraft und den Mut, meinen eigenen Weg zu gehen.

Es wurde mein spiritueller Lehrer, weil es mich mit all meinen Ängsten, Träumen, Unsicherheiten, Verletzungen, Visionen, Schuldgefühlen und tiefen Wünschen in Berührung brachte. Es führte mich immer mehr in die Ganzheit, zu jener Quelle, in der Herz und Reichtum, Liebe und Wohlstand, Besitz und Harmonie eins sind.

Neue Finanz- und Wirtschaftssysteme erschaffen

Jeder Mensch ist jetzt aufgerufen, sein eigenes Geld zu beseelen und sich frei von allen Schattenemotionen zu machen. Geld als reine Energieform holt nur jene Denkmuster, Einstellungen und Gefühle hervor, die bereits in dir sind. Wenn du das Geld dafür nutzt, um tiefer in deine Persönlichkeit einzutauchen, so dringst du immer mehr in dein wahres Sein ein und damit auch in *das Herz des Geldes*.

Du gewinnst dadurch an Kraft und Zuversicht. Du setzt neue Energien frei. Du fühlst dich machtvoll und kraftvoll, und du nutzt auch diese Macht und Kraft in dir, um mehr Licht und Liebe auf die Welt zu bringen. Solche Menschen kreieren dann neue Finanz- und Wirtschaftssysteme, die frei von Schuld, Habgier und Manipulation sind. Systeme, die auch frei von Crash, Depression und Unsicherheit funktionieren. Denn im Moment spiegeln Wirtschaft und Finanzen nur jene Ängste, Unsicherheiten und Sorgen, die noch in jedem unverdaut sind. Menschen, die voller Ängste, Neid und Gier sind, können nur Wirtschaftssysteme erschaffen, die nach diesen Spielregeln funktionieren. Wir brauchen daher neue Menschen, die ein neues Geld-Zeitalter leben wollen.

Das sind Menschen, welche die energetische Kraft des Geldes nutzen, um Wunderbares, Heilendes, Faszinierendes und Transformatives in die Welt zu bringen. Sie führen Unternehmen, die das Leben der Menschen verbessern. Sie zeigen sich der Öffentlichkeit und scheuen nicht davor zurück, anderen ihre höhere Wahrheit zu verkünden. Sie machen Politik und Gesetze, die mehr Liebe und Herz in sich tragen. Sie schaffen neue Strukturen, die das Leben der Menschen bereichern. Sie kreieren Reichtum und Fülle und inspirieren auch andere, es genauso zu tun.

Mit Geld kann man die Umwelt schonen, etwas im Leben verbessern, sich und andere heilen, mehr Freiheit gewinnen und Licht sowie Liebe verbreiten. Geld leistet damit seinen Beitrag zum ultimativen Reichtum in deinem Leben, der dein Herz und deine Seele aufblühen lässt.

All das darf in deinem Leben sein und noch mehr. Es ist jetzt längst an der Zeit, dass spirituelle, sensible, empathische, herzliche und geniale Menschen zu ihrer finanziellen Kraft finden und die Welt damit erleuchten.

Ich wünsche dir von ganzem Herzen
viel Erfolg und Liebe dabei.

Asim Aliloski

Danksagung

Von ganzem Herzen möchte ich mich für ihre Unterstützung bedanken bei Laurent Amann, Michael Nagula, Jürgen Neurohr, Maria Neurohr und meinen Eltern. Mein Dank gilt außerdem jenen Orten, die mir Kraft und Antrieb für das Buch gegeben haben: den Wohnungen in Wien-Ottakring, dem Wienerwald, dem Öko-Luxus-Resort Shunyata Villas auf Bali und dem Ashram Gandhi auf Bali.

Weiterführende Literatur

Betz, Robert. *Willkommen im Reich der Fülle: Wie du Erfolg, Wohlstand und Lebensglück erschaffst.* Heyne Verlag, München 2015 (Taschenbuch).

Byrne, Rhonda. *The Magic*, übers. von Dr. Henning Thies, Knaur Verlag, München 2012 (Hardcover).

Eker, T. Harv. *So denken Millionäre: Die Beziehung zwischen Ihrem Kopf und Ihrem Kontostand*, Heyne Verlag, München 2010 (Taschenbuch).

Hasselmann, Varda & Frank Schmolke. *Archetypen der Seele: Eine Anleitung zur Erkundung der Seelenmatrix*, Goldmann Verlag, Reihe Arkana, München 2010 (Taschenbuch; benutzt: Kindle Edition).

Hicks, Esther & Jerry. *The Law of Attraction – Geld: Reich mit dem Gesetz der Anziehung*, übers. von Michael Nagula, Ullstein Verlag, Reihe Allegria, Berlin 2010 (Taschenbuch).

Hill, Napoleon. *Denke nach und werde reich. Die Erfolgsgesetze*, übers. von Wolfgang Maier, Hugendubel Verlag, Reihe Pickup, Kreuzlingen/München 2005 (Taschenbuch).

Hill, Napoleon. *Glaube an dich und werde reich. Die Fortsetzung des Bestsellers »Denke nach und werde reich«*, übers. von

Doris Hummel und Felix F. Frey, Amra Verlag, Hanau 2014 (Taschenbuch).

Holden, Robert. *Success Intelligence: Essential Lessons and Practices from the World's Leading Coaching Program on Authentic Success*, Hay House 2009 (englische Originalausgabe).

Kiyosaki, Robert T. *Rich Dad Poor Dad: Was die Reichen ihren Kindern über Geld beibringen*, übers. von Tamara Kristine Kailuweit, Dr. Monika Lubitz, Svenja Schickler, FinanzBuch-Verlag, München 2015 (Taschenbuch).

McKenna, Paul. *Ich mach dich reich! Mit Hpynose-CD*, übers. von Burkhard Hickisch, Goldmann Verlag, Reihe Mosaik, München 2009 (Taschenbuch).

Roberts, Jane. *Gespräche mit Seth: Von der ewigen Gültigkeit der Seele*, übers. von Dr. Sabine Lucas, Goldmann Verlag, München 2001 (Taschenbuch; benutzt: Kindle Edition).

Roman, Sanaya & Duane Packer. *Kreativ Reichtum schaffen: Spiritueller Umgang mit Geld und Fülle*, übers. von Susanne Kahn-Ackermann, Ullstein Verlag, Reihe Allegria, Berlin 2004 (Taschenbuch).

Ruskan, John. *Emotionale Klärung: Ein bahnbrechendes Konzept für die Befreiung von negativen Mustern*, übers. von Gisela Kretzschmar, Goldmann Verlag, München 2002 (Taschenbuch).

Schäfer, Bodo. *Der Weg zur finanziellen Freiheit: Ihre erste Million in sieben Jahren*, dtv Verlag, München 2003 (Taschenbuch).

Stibal, Vianna. *Theta Healing: Die Heilkraft der Schöpfung*, übers. von Annette Charpentier, Ullstein Verlag, Reihe Allegria, Berlin 2011 (Taschenbuch).

Tepperwein, Kurt & Nazila Jafari, *Investieren und leben in schwierigen Zeiten: Sofortmaßnahmen für Bewusstwerdung und Erfolg*, Amra Verlag, Hanau 2015 (Hardcover).

Tolle, Eckhard. *Jetzt! Die Kraft der Gegenwart*, übers. von Christine Bolam und Marianne Nentwig, J. Kamphausen Verlag, Bielefeld 2010 (Taschenbuch).

Weiss, Thorsten. *Spirituelles Geldbewusstsein: Öffne dich für Wohlstand und Überfluss*, Schirner Verlag, Darmstadt 2012 (Taschenbuch).

Winfrey, Oprah. *Was ich vom Leben gelernt habe*, übers. von Andrea Kunstmann, S. Fischer Verlag, Frankfurt am Main 2015 (Hardcover; benutzt: Kindle Edition).

Yogananda, Paramahansa. *Im Zauber des Göttlichen. Gesammelte Vorträge und Essays*, Self-Realization Fellowship, Los Angeles 2004 (Taschenbuch).

Asim Aliloski

ist Autor, Journalist, Erfolgscoach und Unternehmensberater. Der gebürtige Wiener mit südosteuropäischen Wurzeln studierte Finanzwirtschaft und sammelte bereits früh Führungserfahrung in Banken, den Medien und der Tourismusbranche. Nach zahlreichen Ausbildungen in Transformationsarbeit, Coaching, Persönlichkeitsentwicklung und Kommunikation gründete er die PR-Agentur Buddha Public Relations. Die in seinem Buch vorgestellten Bewusstseinstechniken und Meditationen befreiten ihn selbst von beengenden Blockaden und Mustern. Heute berät der international tätige Coach und Unternehmer andere Führungskräfte, Visionäre und High Potentials, aber auch Prominente und Sportler. Er macht Menschen Mut, ihre wahre Berufung zu finden. Dazu gibt er weltweit Coachings, hält Seminare und Vorträge. Seine Retreats finden auf Bali im mehrfach preisgekrönten Öko-Luxus-Resort Shunyata Villas statt. Er gilt als inspirierender Workshop-Leiter und ist ein begehrter Keynote-Speaker. Mehr zu seinen Veranstaltungen finden Sie auf

www.asimaliloski.com.

Napoleon Hill
GLAUBE AN DICH UND WERDE REICH

Die Fortsetzung des Bestsellers »Denke nach und werde reich«

256 Seiten, Taschenbuch
Amra Verlag, € 12,80 [D]

Auch als eBook

ISBN 978-3-95447-156-0

Es gibt zuverlässige, sehr einfache Regeln, um Glück und Reichtum zu erzielen. Der vorliegende Klassiker ist eine genaue Beschreibung, wie Sie den Schlüssel zur Fülle des Lebens wirksam nutzen können.

Henry Ford
MEIN LEBEN UND WERK

Autobiografie eines modernen Unternehmers

256 Seiten, Hardcover, rotes Leseband
Amra Verlag, € 19,95 [D]

ISBN 978-3-95447-163-8

Auch als eBook

Wie wurde der Sohn eines Farmers binnen weniger Jahre zu einem der reichsten Männer der Welt? Er entwickelte Methoden. Laut Time Magazine eines der 100 wichtigsten Bücher des 20. Jahrhunderts!

Wallace Wattles
DIE GESETZE VON ERFOLG UND RESONANZ

Wohlstand aus der Kraft deiner Gedanken

96 Seiten, Taschenbuch
Amra Verlag, € 7,95 [D]

Auch als eBook

ISBN 978-3-939373-26-1

Meistern Sie die Prinzipien, dann können Sie gar nicht anders, als sich auf die Erlangung Ihrer Ziele hinzubewegen. Die Inspiration für Napoleon Hill, Anthony Robbins und den Welterfolg The Secret!

Buchauszüge, Videos und Hörproben auf www.AmraVerlag.de

Cindy Griffith & Lisa K.
SPIRIT BUSINESS

Wie du ein spirituelles Unternehmen zum Erfolg führst

320 Seiten, Hardcover, oranges Leseband
Amra Verlag, € 22,95 [D]

Auch als eBook

ISBN 978-3-95447-234-5

Dieses exzellente Handbuch zeigt, wie man aus seiner Leidenschaft ein Unternehmen macht und im Internet-Zeitalter durch ehrliches Marketing zum Erfolg führt. Mit Schwerpunkt auf Social Media!

Rudolf Andreas Graf
EMPATHIE IN UNTERNEHMEN

Anteilnahme als Führungsinstrument unserer Zeit

Auch als eBook

224 Seiten, Hardcover, oranges Leseband
Amra Verlag, € 19,95 [D]

ISBN 978-3-95447-195-9

n Unternehmen ist ein Netzwerk von Emotionen, das verstanden sein l. Einzig das Zusammenwirken aller für eine größere friedliche Vision generiert dauerhaft Erfolg – durch Anteilnahme und Anerkennung.

Kurt Tepperwein & Nazila Jafari
INVESTIEREN UND LEBEN
IN SCHWIERIGEN ZEITEN

Sofortmaßnahmen für Bewusstwerdung und Erfolg

Auch als eBook

240 Seiten, Hardcover, rotes Leseband
Amra Verlag, € 19,95 95 [D]

ISBN 978-3-95447-210-9

Wir alle investieren ständig, ganz unbewusst. Für den Erfolg brauchen wir das Wissen, dass es nicht um Reichtum geht, sondern um Fülle – die volle Wahlmöglichkeit. Mit Sonderteil: Klarer Blick auf die Welt der Börse.

Buchauszüge, Videos und Hörproben auf www.AmraVerlag.de

Gerald R. Clark
DIE ANUNNAKI
Vergessene Schöpfer der Menschheit

Auch als eBook

232 Seiten, Hardcover, oranges Leseband
Amra Verlag, € 19,95 [D]

ISBN 978-3-95447-191-1

»Eines der besten Bücher zum Thema. Clark hat Informationen zusammengetragen wie noch niemand vor ihm. Ich kann dieses Werk nur jedem empfehlen!« – In den USA ein Amazon-Bestseller

Auch als eBook

Frank Joseph
LEMURIEN
Aufstieg und Fall der ältesten Weltkultur

488 Seiten, Hardcover mit Farbfotos, weißes Leseband
Amra Verlag, € 24,95 [D]

ISBN 978-3-939373-18-6

Eine längst überfällige historische Aufarbeitung aller Quellen über das sagenumwobene Inselreich im Pazifik. Das umfassendste und vermutlich wichtigste Buch über die Urheimat der Menschen.

Kabir Jaffe & Ritama Davidson
INDIGO-ERWACHSENE
Wegbereiter einer neuen Gesellschaft

Auch als eBook

208 Seiten, Hardcover, oranges Leseband
Amra Verlag, € 19,90 [D]

ISBN 978-3-939373-10-0

Eine neue Art Mensch tritt in Erscheinung, visionär und kreativ, sensibel und unabhängig – und frustriert vom System. Vielleicht gehören Sie zur Generation der Indigo-Seelen und wissen es nicht

Buchauszüge, Videos und Hörproben auf www.AmraVerlag.de

Gary R. Renard
DEINE UNSTERBLICHE REALITÄT
Wie wir durch wahre Vergebung unsere Welt neu gestalten

320 Seiten, Hardcover, rotes Leseband
Amra Verlag, € 22,95 [D]

Auch als eBook

ISBN 978-3-95447-193-5

Wie können wir unsere Realität frei und positiv gestalten? Durch eine Art Quanten-Vergebung. Sie ermöglicht einen neuen Umgang mit der Welt, außerhalb des Kreislaufs von Schuld und Sühne.

LD Thompson
WAS DIE SEELE SIEHT
Wege zum inneren Frieden

Auch als eBook

256 Seiten, Hardcover, oranges Leseband
Amra Verlag, € 19,95 [D]

ISBN 978-3-939373-18-8

Dein Leben wird von deiner Seele gestaltet, und je mehr du auf sie hörst und nach ihren Werten und Wünschen handelst, desto freudvoller wird dein Leben. Vorwort von Sabrina Fox.

Kabir Jaffe, Ritama Davidson u.a.
DEINE ENERGIE IN AKTION!
»Energy Balancing« fürs tägliche Leben

Auch als eBook

304 Seiten, Paperback XXL, Zusatzfarbe, reich illustriert
Amra Verlag, € 29,95 [D]

ISBN 978-3-939373-85-8

Nicht zentriert? Schutzlos gegen Energien? Dieses Lehrbuch gibt uns einfache Hilfsmittel an die Hand, die unser Leben verbessern. Dabei bedient es sich neuester Erkenntnisse der Energiemedizin.

Buchauszüge, Videos und Hörproben auf www.AmraVerlag.de

»Nur in deiner Wahrnehmung glaubst du, du bist von allem getrennt. Es geht also darum, deine Wahrnehmung zu ändern und die Welt so zu sehen, wie der reine Geist sie sieht. Dann kannst du vergeben – der Welt und dir.«

Gary R. Renard

DIE LIEBE VERGISST NIEMANDEN
Antwort auf das Leben

288 Seiten, Hardcover mit Leseband, € 22,95 [D]
ISBN 978-3-95447-036-5 (auch als eBook erhältlich)

Es ist möglich, die Illusionen des Alltags aufzulösen und reine, vom Geist durchdrungene Liebe zu leben. Der Weg besteht darin, eine unwahre Erfahrung durch eine wahre zu ersetzen, nämlich die, ganz eins zu sein mit der Quelle. Gary R. Renard lehrt, wie wir zu dieser Erfahrung gelangen können. Ein echter Kickstart für spirituelles Bewusstsein!

ONLY LOVE IS REAL
Music for Making the Universe Disappear

61 Minuten, Amra Records, € 19,95 [D]
ISBN 978-3-95447-181-2 (mit Lyrics im Booklet)

Fünfzehn Songs, darunter die Titelmusik der geplanten TV-Serie »Die Illusion des Universums«, gesungen von Cindy Lora-Renard. Zwei davon entstanden gemeinsam mit ihrem Ehemann Gary. Mal kristallklar, mal melancholisch, dann wieder schamanisch und irisch, aber immer mit einer gehörigen Portion Pop!

INNERER FRIEDEN DURCH LIEBE & VERGEBUNG
Ulrich Bohnefeld im Gespräch mit Gary R. Renard

85 Minuten, Amra Cinema, DVD-Box, € 19,95 [D]
ISBN 978-3-95447-173-7 (einzige deutsche Produktion)

Liebe und Vergebung sind die zentralen Themen unserer Zeit. Was ihrer Umsetzung im Wege steht und wie man sie dennoch erreichen kann, davon spricht Gary R. Renard auf seine unnachahmlich humorvolle Weise. Dabei vertieft er die wesentlichen Inhalte seiner bisherigen drei Bücher.

Gary R. Renard, geboren in Massachusetts, USA, war ein erfolgreicher Profi-Gitarrist, bevor er Anfang der 1990er durch ein Erweckungserlebnis auf den spirituellen Weg geführt wurde. Nach Erscheinen seines ersten Bestsellers »Die Illusion des Universums« trat er zunehmend als Vortragsredner, Kursleiter und spiritueller Lehrer in Erscheinung.

Buchauszüge und Hörproben auf www.AmraVerlag.de • Überall im Handel!